영원한 행복으로 가는
4개의 열쇠

정동근 지음

영원한 행복으로 가는 4개의 열쇠

펴 낸 날　2025년 10월 13일

지 은 이　　정동근
펴 낸 이　　이기성
기획편집　　최인용, 서해주, 권희연
표지디자인　윤성희
책임마케팅　이수영, 김정훈
펴 낸 곳　　도서출판 생각나눔
출판등록　　제 2018-000288호
주　　소　　경기도 고양시 덕양구 청초로 66, 덕은리버워크 B동 1708, 1709호
전　　화　　02-325-5100
팩　　스　　02-325-5101
홈페이지　　www.생각나눔.kr
이 메 일　　bookmain@think-book.com

・책값은 표지 뒷면에 표기되어 있습니다.
　ISBN　　979-11-7048-922-1(03180)

Copyright ⓒ 2025 by 정동근 All rights reserved.
・이 책은 저작권법에 따라 보호받는 저작물이므로 무단전재와 복제를 금지합니다.
・잘못된 책은 구입하신 곳에서 바꾸어 드립니다.

영원한 행복으로 가는

4개의 열쇠

정동근 지음

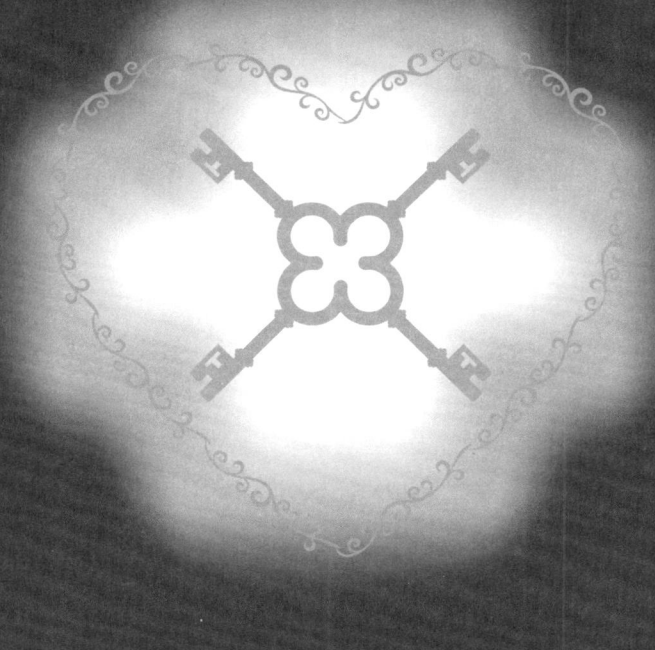

행복의 반대말은 우울증이고, 우울증은 몸의 질병입니다.
도파민 중독에서 해방되어야 영원히 행복할 수 있습니다.
상대방이 나를 좋아해 주기를 바란다면 그 감정은 사랑이 아니라 소유욕입니다.
성장은 얻는 것이 아니라 중요하지 않은 것을 포기하는 과정입니다.

생각나눔

| 목 차 |

제1부
영원한 행복으로 가는 4개의 열쇠

🔑 1부 프롤로그 · 10

🔑 첫 번째 열쇠

영원한 행복으로 가는 첫 번째 열쇠 – 생존 비용 · · · · · · 12
가난과 집안의 화목 · · · · · · · · · · · · · · · · · · 17
전쟁과 분쟁이 발생하는 단 한 가지 이유 – 무능함 · · · · · 18
돈으로 살 수 있는 단 한 가지 – 노동력 · · · · · · · · · 22
불로소득의 종착역 · · · · · · · · · · · · · · · · · · 23
노동의 딜레마 · 24

🔑 두 번째 열쇠

직업이란? · 25
영원한 행복으로 가는 두 번째 열쇠 – 좋아하는 일 · · · · · 27
보상은 적지만 좋아하는 일 · · · · · · · · · · · · · · 29
첫 번째 열쇠 + 두 번째 열쇠 = 자아실현 · · · · · · · · · 32
자아실현과 행복 · · · · · · · · · · · · · · · · · · · 34

🔑 세 번째 열쇠

중독의 의미 · 37
중독에서 자유로웠던 성현들 · · · · · · · · · · · · · · 38
중독이 불러오는 문제들 · · · · · · · · · · · · · · · · 40
영원한 행복으로 가는 세 번째 열쇠 – 중독 해방 · · · · · · 43
중독에서 벗어났다는 착각 · · · · · · · · · · · · · · · 44
중독에 빠지는 원인 · · · · · · · · · · · · · · · · · · 46
중독 해방의 장점들 · · · · · · · · · · · · · · · · · · 47
중독에서 벗어나기 힘든 이유 · · · · · · · · · · · · · · 50

🔑 네 번째 열쇠

중독과 우울증의 원인 · · · · · · · · · · 54
우울증의 공통 증상들 · · · · · · · · · · 57
행복의 반대말 - 우울증 · · · · · · · · · · 59
우울증의 증상 - 저장 강박증 · · · · · · · · · · 60
우울증의 증상 - 대인관계 실패 · · · · · · · · · · 61
감정을 결정하는 요인 - 몸의 건강 · · · · · · · · · · 62
주변 환경과 감정 · · · · · · · · · · 63
우울증의 원인 - 신체 건강 · · · · · · · · · · 66
영원한 행복으로 가는 네 번째 열쇠 - 건강 · · · · · · · · · · 69
세 번째 열쇠 + 네 번째 열쇠 = 명상 · · · · · · · · · · 72
명상의 주제 · · · · · · · · · · 74
명상이 가능한지를 판단하는 방법 · · · · · · · · · · 76
우울증에 효과가 있는 물리적 치료 - 사혈(습식 부항) · · · 78
사혈 방법 · · · · · · · · · · 80
건강을 회복하는 생활습관 · · · · · · · · · · 82
거꾸로 돌아보는 4개의 열쇠 · · · · · · · · · · 83

🔑 1부 에필로그

'영원한 행복으로 가는 4개의 열쇠' 핵심 정리 · · · · · · · 85
우리 인생은 말이죠 - 신해철 · · · · · · · · · · 88
1부 맺음말 · · · · · · · · · · 90

제2부
나는 사랑을 주려고 연애를 하는가

🔑 2부 프롤로그 · · · · · · · · · · 94

🔑 생존 비용

생존 비용이라는 자유 · · · · · · · · · · 96
풍요 속의 빈곤 · · · · · · · · · · 97

자녀가 있는 경우에 경제적 문제 · · · · · · · · · · · · · 98
　　지혜를 가르치는 방법 · · · · · · · · · · · · · · · · · · · 100

🔑 좋아하는 직업
　　흙수저가 성공하는 방법 · · · · · · · · · · · · · · · · · 102
　　시련은 성장을 위한 발판 – 1 · · · · · · · · · · · · · 103
　　시련은 성장을 위한 발판 – 2 · · · · · · · · · · · · · 106
　　시련은 성장을 위한 발판 – 3 · · · · · · · · · · · · · 110

🔑 자아실현
　　역술인이 뽑은 최고의 사주 · · · · · · · · · · · · · · 111
　　창조와 사랑 · 113
　　인생의 목적 – 1 · 115
　　인생의 목적 – 2 · 117

🔑 중독해방
　　욕구의 진화 · 119
　　요술램프에 비는 소원 · · · · · · · · · · · · · · · · · · 122
　　개와 토끼 실험 · 123
　　비움의 철학 · 125

🔑 대인관계
　　사랑의 정의 · 127
　　좋은 배우자를 구분하는 방법 · · · · · · · · · · · · · 129
　　체질과 궁합 · 132
　　무의식적으로 본능 한다는 게 뭘까요? · · · · · · · · 135
　　나쁜 남자에게 끌리게 되는 심리 · · · · · · · · · · · 136
　　스토킹 피해자들의 흔한 실수 · · · · · · · · · · · · · 139
　　외로움을 견디기 힘든 이유 · · · · · · · · · · · · · · 141
　　복수심의 근원 · 143
　　타인을 사랑하는 방법 – 1 · · · · · · · · · · · · · · · 146

타인을 사랑하는 방법 − 2 · · · · · · · · · · · · 149
타인을 사랑하는 방법 − 3 · · · · · · · · · · · · 152
실패하는 대인관계 · · · · · · · · · · · · · · · · 155
성공하는 대인관계 · · · · · · · · · · · · · · · · 158
동성애의 사회적 치료 방법 · · · · · · · · · · · 162
잘못된 짝사랑 · · · · · · · · · · · · · · · · · · · 164

🔑 건강

이제마를 찾아온 여인 · · · · · · · · · · · · · · 166
여왕벌은 태어나지 않는다 · · · · · · · · · · · 168
나는 아픈가? 아프지 않은가? · · · · · · · · · 170
나는 건강한가? 건강하지 않은가? · · · · · · 173
'더 시크릿'에 누락된 비밀 · · · · · · · · · · · · 176
건강은 물방울이 만든 바위의 구멍과 같다 · · 181
한의학과 자연의학의 관점 차이 − 다한증 · · 182
감기 & 전염병 건강관리 팁 · · · · · · · · · · · 183

🔑 다이어트

비만과 건강 · 184
실패하지 않는 다이어트의 조건 · · · · · · · · 185
실패 없는 다이어트 · · · · · · · · · · · · · · · 187
함께 먹는 밥이 더 맛있는 이유 · · · · · · · · 190
비추하고 싶은 다이어트 − 게임 마니아 · · · 192
'슈퍼 사이즈 미'를 피하는 방법 · · · · · · · · 193
식욕을 억제하는 방법 · · · · · · · · · · · · · · 195
다이어트 트레이너의 몸매는 타고난다 · · · · 197

🔑 행복

행복을 선물하는 방법 · · · · · · · · · · · · · · 199
PTSD의 원인 − 인디언 추장의 지혜 · · · · · 201
누군가를 그리워한다는 것 · · · · · · · · · · · 203

행복의 비밀 그 너머에 있는 것 · · · · · · · · · · · · · 205
화가 나지 않아요 · 209
우리가 두려워해야 할 것은 죽음이 아니라 환생 · · · · · · 210
상대방이 저를 싫어하는 게 느껴져요 · · · · · · · · · · · 212

🔑 명상

차별이 존재하는 이유 · · · · · · · · · · · · · · · · · · 214
다른 사람을 '나쁜 사람'이라고 말하는 순간 · · · · · · · 215
약간 강박증 같이 컴퓨터를 합니다 · · · · · · · · · · · 216
현실도피용 슈뢰딩거의 고양이 · · · · · · · · · · · · · 218
신앙을 가장한 현실도피 · · · · · · · · · · · · · · · · · 219
왜 득도는 모순으로 가득 차 있을까? - 1 · · · · · · · · 221
왜 득도는 모순으로 가득 차 있을까? - 2 · · · · · · · · 223
'그대를 사랑합니다'에 숨겨진 비밀 · · · · · · · · · · · 226
시련을 맞이한 지인을 위한 조언 · · · · · · · · · · · · 229
프랑스 고등학교 졸업시험 문제 · · · · · · · · · · · · 230
스스로 답을 찾는 명상 - QT 체험기 · · · · · · · · · · 234

🔑 2부 에필로그

'나는 사랑을 주려고 연애를 하는가' 핵심 정리 · · · · · · 242
2부 맺음말 · 253

제1부

영원한 행복으로 가는 4개의 열쇠

1부 프롤로그

인생의 목적은 무엇일까요?
유전학적인 관점에서 인간이 살아가는 목적은 다음과 같습니다.

인간을 비롯한 모든 생명체의 몸은 유전자를 후세에 물려주기 위한 DNA 운반 용기입니다.
〈출처: 이기적 유전자〉

그러나 자아를 가진 인간으로서 몸과 자신을 분리해서 생각해 봅시다. 인간이 살아가는 목적은 저마다 다양하지만, 모두 하나로 귀결될 수 있습니다.

인생의 목적은 '행복'입니다.

행복해지기 위해서 강한 자극(술, 담배, 마약, 도박, 성관계)에 심취하는 사람도 있고,
물건(자동차, 명품, 옷, 신발, 보석, 피규어)을 살 때 행복을 느끼는 사람도 있고,
맛있는 음식을 먹을 때 행복을 느끼는 사람도 있고,
새로운 경험(여행, 캠핑, 놀이동산)에서 기쁨을 발견하는 사람도 있습니다.

그리고 그렇게 무언가에 의지해서 얻는 기쁨은 오래가지 못합니다.

여행으로 얻는 기쁨은 쇼핑보다 오래 지속됩니다. 하지만 여행을 좋아하는 사람은 몇 달 후에 또 여행을 떠납니다. 그 기쁨이 그다지 오래 지속되지는 않기 때문입니다.

저는 일시적으로 타올랐다가 사라지는 찰나의 행복을 이야기하려는 것이 아닙니다. 저는 평생, 혹은 적어도 10년 이상 꾸준히 행복이 지속되는 삶의 방향을 제시하려는 것입니다.

사람은 일평생 동안 아주 많은 것들을 소비하면서 살아갑니다. 그런데도 대부분의 사람들은 자신이 불행하다고 생각합니다. 저는 이제부터 영원한 행복에 필요한 여러 가지 조건들 중에서 가장 중요한 4가지 핵심 열쇠에 관해서 이야기하려고 합니다. 그리고 그 4가지 열쇠는 서로 연결되어 있습니다.

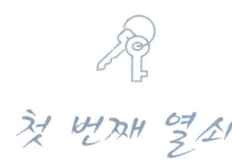

첫 번째 열쇠

🔑 영원한 행복으로 가는 첫 번째 열쇠 – 생존 비용

> Q: 인간이 평생 행복하기 위해서 필요한 요건들 중에서 가장 기본적인 것은 무엇이라고 생각하시나요?

> A: 인간은 살아가기 위해서 많은 것들을 필요로 합니다. 집, 옷, 음식, 자동차, 침대, 가구, 식기, 의료 서비스, 등등. 그리고 생존에 필요한 물품들을 구입하기 위해서는 돈이 필요합니다. 행복하기 위해서는 생존에 지장이 없어야 하고, 그러기 위해서 돈은 필수적인 요건인 것입니다.

원시시대에는 필요한 음식과 물건을 스스로 만들었지만, 현대에는 돈으로 모든 것을 살 수 있습니다.

반대로 생각하면 돈이 없으면 아무것도 살 수 없는 시대가 되었습니다.

워렌 버핏은 이런 말을 했습니다.
Money is not everything. Make sure you earn a lot before speaking such nonsense. (돈이 전부는 아닙니다. 그러나 그런 말을 하기 전에 돈을 많이 벌어두세요.)

한국의 자살률은 세계 1위입니다. 한국인들의 주요 자살 원인은 빈곤, 업무 스트레스, 우울증, 그리고 건강 악화입니다. 자살 원인 1위와 2위가 돈과 관련이 있습니다. 돈이 인간의 행복에 매우 중요한 요소라는 증거입니다.

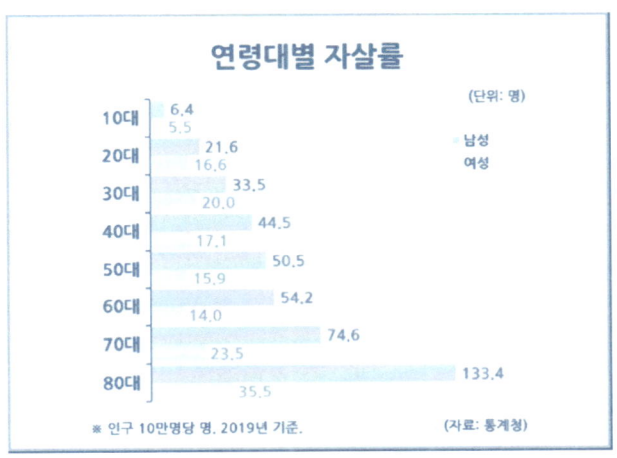

Q: 그렇다면 돈은 얼마나 많이 있어야 적당할까요?

A: 돈은 많으면 많을수록 좋습니다. 단 돈을 버는 데 소모되는 시간과 노력이 동일하다는 조건 하에서는 그 말이 맞습니다.

아래는 소득과 행복의 관계를 보여주는 그래프입니다. 가난할 때는 소득이 증가할수록 행복지수도 증가합니다. 그러다가 소득이 어느 수준을 넘어서면 행복지수는 더 이상 증가하지 않습니다.

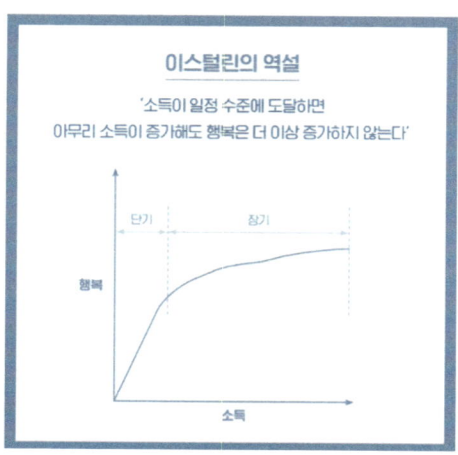

다음은 행복이 돈보다 건강, 대인관계, 흡연에 더 영향을 받는다는 주제의 연구 자료입니다.

High income improves evaluation of life but not emotional well-being
Author: Kahneman D. & Deaton A. (2010) Proceedings of the National Academy of Sciences
URL: https://www.pnas.org/doi/10.1073/pnas.1011492107

이것을 반대로 생각해 보면 최소한의 생활비조차 없다면 행복해질 수 없다는 의미가 됩니다. 돈이 많다고 해서 모두 다 행복한 것은 아니지만, 생존에 꼭 필요한 생존 비용 없이는 행복할 수 없는 것입니다.

그렇기 때문에 생존에 꼭 필요한 비용(생존 비용)은 영원한 행복을 위한 가장 기본적인 열쇠인 것입니다.

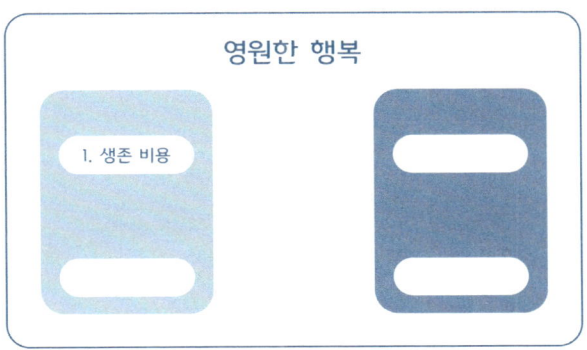

🔹 쉬어가는 페이지

해군 함장과 해군 일병의 대결

군함 한 척이 달도 없는 어두운 밤 속을 항해하고 있었습니다.
그런데 정면에 불빛이 보이는 것입니다.
군함 정면에 나타난 불빛을 보고 함장은 빛으로 신호를 보냈습니다.
"방향을 서쪽으로 10도 돌리시오!"

상대가 답신을 보냈습니다.
"당신이 방향을 동쪽으로 10도 돌리시오!"

화가 난 함장은 다시 신호를 보냈습니다.
"난 해군 함장이오. 당신이 방향을 돌리시오!"

상대가 다시 신호를 보내왔습니다.
"나는 해군 일병이오. 당신이 방향을 돌리시오!"

화가 끝까지 난 해군 함장은 최후의 신호를 보냈습니다.
"이 배는 전함이다. 절대 진로를 바꿀 수 없다!"

그러자 상대도 마지막 신호를 보냈습니다.
"여기는 등대다. 네 맘대로 해봐라!"

🔑 가난과 집안의 화목

> 제이콥: 저는 의류 판매 매장을 운영하고 있습니다. 팬데믹 기간 동안 매출이 줄어서 경제적으로 어려움을 겪고 있습니다. 정부 보조금 덕분에 의식주는 해결할 수 있지만 늘 아껴 쓰고 지출을 줄여야만 했습니다.
>
> 최근 들어서 경제적인 문제뿐만 아니라 또 다른 문제에 직면했습니다. 제 아내 제니퍼와 자주 싸우고 서로 짜증을 내는 일이 많아졌습니다. 서로 얼굴 보는 시간이 늘어서 그런 걸까요? 저도 아내와 싸우기 싫은데 왜 이렇게 된 건지 이유를 모르겠습니다.

> A: 가족 간의 화목은 경제력과 직접적인 연관이 없습니다. 가난하더라도 가족 간의 관계가 돈독하고 사랑이 가득할 수 있습니다.
> 하지만 안타깝게도 통계 자료를 보면 가난한 집안에서 다툼이 더 자주 발생합니다. 그 이유는 '착각' 때문입니다.

사람은 스트레스가 쌓이면 그 스트레스의 원인이 자신에게 있다는 사실을 인정하고 싶어 하지 않습니다.

대부분의 사람들은 스트레스가 심할 때 옆에 있는 사람 때문에 자신이 고통받는다는 착각을 합니다. 스스로에게 면죄부를 주는 것입니다.

가족 혹은 친구, 나에게 가장 소중한 사람에게 책임을 뒤집어씌워서 스스로 자신의 문제를 해결해야 하는 책임에서 벗어나게 됩니다. 그렇기 때문에 많은 가난한 가족들이 서로 상처를 주고, 따라서 인생이 불행해지는 것입니다.

전쟁도 마찬가지입니다. 사람들 간에 다툼이 일어나는 이유는 전쟁이 일어나는 이유와 같습니다.

🔒 전쟁과 분쟁이 발생하는 단 한 가지 이유 – 무능함

> **제이콥:** 가장 가까운 사람에게 상처를 주는 경우도 흔하지만, 저는 전쟁이 일어날까 봐 무섭습니다. 사람들은 왜 전쟁을 하는 건가요?

> **A:** 역사상 수많은 국가들이 무수히 많은 미사여구와 정당성을 전쟁에 갖다 붙였지만, 전쟁이 일어나는 이유는 결국 한 가지뿐입니다.
>
> 전쟁이 발생하는 단 한 가지 이유: 자신의 문제를 해결할 능력이 없기 때문에.

무능한 국가의 수장이 남의 소유물을 빼앗기 위해서 하는 행동이 바로 전쟁인 것입니다.

개인도 마찬가지입니다. 가난한 동네에서 상점 절도가 자주 발생합니다.

문제가 생겼을 때 욕설과 폭력을 사용하는 사람의 특징: 스스로 문제를 해결할 능력이 부족합니다.

> **제이콥:** 전쟁과 사람들 간의 분쟁 원인이 빈곤 때문이라는 말씀인가요?

> **A:** 전쟁이 발생하는 대표적인 케이스 몇 가지를 살펴봅시다.

(1) 최초의 전쟁은 농경사회 초기에 식량이 바닥난 부족이 다른 부족의 식량을 빼앗기 위해서 시작되었습니다.

(2) 북아시아의 유목 민족(훈족, 흉노족, 몽골)은 초원에서 농사를 지을 수 없어서 늘 식량이 부족했습니다. 그래서 말을 타고 이동하면서 다

른 부족을 약탈했습니다.

(3) 중세 시대에 유럽인들은 '성전'이라는 이름으로 십자군 전쟁을 일으켰습니다. 십자군에 동참한 귀족 중에는 둘째 아들이 많았습니다. 장자가 모든 권리를 상속했기 때문에 아무것도 상속받을 수 없는 차남이 전쟁을 기회로 삼았던 것입니다. 십자군은 기독교 국가인 콘스탄티노플을 침공했으며, 중동 지역 기독교 국가의 왕을 죽이고 자신이 왕이 되었습니다.

(4) 1차 대전 이후에 독일 경제는 쑥대밭이 되었고, 거기다 천문학적인 전쟁 배상금 때문에 국민들의 궁핍한 삶은 나아질 기미가 보이지 않았습니다. 그로 인해서 독일 국민들이 내린 선택은 이것이었습니다. "이렇게 살 바에는 다 같이 죽자."

자신의 생존이 불안해지면 인간은 다른 사람의 안위는 신경 쓰지 않습니다.

개인이 생존 위기에 직면하면 주변 사람들에게 피해를 주고, 한 국가가 위기에 처하면 전 세계가 위험해집니다.

이처럼 생존 비용은 인간의 생존과 행복에 매우 중요한 요소인 것입니다.

📖 쉬어가는 페이지

우리가 아직 모르는 것들

- 오리가 꽥꽥거리는 소리는 절대 메아리치지 않습니다. 원인은 아직 모릅니다.

- 미국 항공우주국(NASA)이 실험 대상으로 삼고자 우주 공간에 보냈던 새들은 모두 굶어 죽었습니다. 새들은 중력이 없으면 먹이를 삼킬 수 없다는 것을 깜빡했던 것이죠. 새들이 물 한 모금 먹은 후에 머리를 치켜올리는 것은 중력을 빌려 물이 내려가게 하려는 것임을 생각해 봅시다.

- 개구리도 토를 합니다. 단지 방법이 특이할 뿐입니다. 개구리는 먼저 위장을 토해 입에 대롱대롱 매달리게 한 다음 앞발로 위장을 쥐어짜서 안에 든 것을 빼냅니다.
그런 다음에 다시 위장을 삼킵니다.

- 고양이는 7층보다 10층에서 떨어졌을 때 살아남을 확률이 더 높습니다. 매우 높은 곳에서 떨어져도 사뿐히 내려앉지만, 제 스스로 뛰어내리는 게 아니라면 고양이는 자신이 추락하고 있다는 것을 알아챌 때까지 평균 8층에서 떨어지는 만큼의 시간이 필요합니다.

- 악어에게 물렸을 때 빠져나오는 유일한 방법은 눈을 찌르는 것입니다.

- 닭이 가장 오랫동안 허공을 난 기록은 13초.

- 사람이 8년 7개월 6일간 계속 소리를 지를 때 나오는 음파의 에너지를 이용하면 커피 한 잔을 끓일 수 있습니다.

- 파티가 잦은 미국에서는 독거미에게 물려 죽을 확률보다 펑 튀는 샴페인 마개에 맞아 죽을 확률이 더 높습니다.

🔑 돈으로 살 수 있는 단 한 가지 – 노동력

> Q: 돈이 그렇게 중요하다면 돈으로 무엇을 살 수 있나요? 돈으로 행복을 살 수 있을까요?

> A: 돈으로 아주 많은 것을 살 수 있지만, 결국 돈으로 살 수 있는 것은 단 한 가지뿐입니다.
> 돈으로 살 수 있는 유일한 한 가지: 인간의 노동력

(1) 내가 연필 한 자루를 사면 그 돈은 쪼개져서 많은 사람들에게 나누어 분배됩니다.

- 원재료를 만드는 사람

- 연필 공장을 건설한 건축가

- 공장에서 일하는 노동자

- 트럭 운전사

- 문구점 사장 등등

(2) 내가 고기를 사 먹는다고 해서 내가 지불한 돈이 동물들에게 가지는 않습니다. 그 돈은 농장 주인과 도축업자, 유통업자, 그리고 소매상인에게 전달됩니다.

(3) 음식점에서 로봇 종업원을 고용하면 월급은 로봇이 아니라 로봇을 만든 사람의 주머니로 들어갑니다.

🔑 불로소득의 종착역

Q: 돈으로 살 수 있는 것은 노동력뿐이라고 하셨지만 실제로는 아니잖아요. 건물주나 투자자는 노동이랑 상관없이 돈 버는 사람들 아닌가요?

A: 돈은 노동의 대가로 지불하는 것입니다. 그리고 그래야만 합니다. 나의 노동이 누군가에게 도움이 될 때 그 대가로 돈을 받아야 건전한 경제활동입니다. 돈을 훔치면 나는 이득을 보겠지만 돈을 잃은 사람은 얻은 것이 없습니다. 그렇기 때문에 범죄는 직업이 될 수 없는 것입니다.

만약 노동 없이 돈을 버는 사람들이 많아지면 경제는 건전하지 못합니다. 그 결과는 다음과 같은 역사적 사건들에서 답을 찾을 수 있습니다.

- 1929년 세계 경제 대공황

- 1991년 시작된 일본의 부동산 버블 붕괴

- 2008년 서브프라임 모기지 사태

- 2020년대 베네수엘라 인플레이션

🔗 노동의 딜레마

> Q: 자살 원인 1위와 2위가 빈곤과 업무 스트레스라면 돈이 있어도 문제, 없어도 문제 아닌가요?

> A: 결국 돈을 벌기 위해서는 노동을 해야 하며, 우리는 그것을 직업이라고 부릅니다.
> 인간은 누구나 돈을 좋아하지만, 돈을 버는 일은 스트레스를 불러옵니다.

일을 많이 하면 돈을 더 많이 벌고, 스트레스는 더 많아집니다.

행복해지려고 시작한 직업은 인간을 불행으로 이끄는 것입니다.

그래서 돈과 함께 필수적으로 따라오는 스트레스라는 문제를 해결하기 위해서 2번째 열쇠가 필요합니다.

두 번째 열쇠

🔓 직업이란?

> 유진: 처음 뵙겠습니다. 제 미래의 직업을 찾으려고 하는데 조언이 필요해서 찾아왔습니다. 어떤 직업이 좋은 직업인가요?

> A: 당신의 심장이 뛰는 일을 하세요.

> 제시카: 지난 1년 동안 가르쳐 주셔서 감사합니다. 궁금한 게 있어요. 직업이란 무엇이라고 생각하시나요?

> A: 직업이란: 남이 하기 싫은 일을 내가 대신해주고 그 대가로 돈을 받는 것입니다.

많은 돈을 벌기 위해서는 많은 공부와 힘든 노동, 그리고 그만큼 많은 스트레스를 동반합니다. 힘들지 않고 스트레스 없는 직업은 존재하지 않습니다. 다만 사람에 따라서 덜 힘들고, 덜 괴로운 직업은 존재할 수 있습니다.

쉬어가는 페이지

다윈 어워드

- 한 캐나다 젊은이가 술을 사 마실 돈이 없자 휘발유와 우유를 섞어 마셨습니다. 당연히 배탈이 났고, 집안의 벽난로에 대고 토했습니다. 벽난로가 폭발하면서 집이 날아가고 본인은 물론 집안에 있던 누이까지 사망했습니다.

- 세 명의 브라질 남자가 비행기 추락사로 사망했습니다. 사망 원인은 비행 중 다른 비행기에 대고 엉덩이를 까 보이다가 조종간을 놓쳐서 추락한 듯합니다.
  사체 발견 시 모두 바지가 발목까지 내려와 있었습니다.

- 22세의 미국 청년이 번지점프를 하다 사망했습니다.
  수십 개의 문어 다리를 테이프로 엮어서 고가 철로에 매고 뛰어내렸는데, 경찰에 의하면 줄의 길이가 철로 높이보다 길었다고 합니다.

- 텍사스의 중형 창고업체에서 가스가 누출되었습니다. 회사 측은 즉시 발화 원인이 될만한 모든 요인을 차단하고 직원을 대피시켰습니다.
  가스회사에서 두 명이 파견되었습니다. 점검을 위해 창고로 들어온 직원 중 하나가 전등이 안 켜지자 라이터를 켰습니다. 창고는 송두리째 폭발하고 두 명의 시신은 흔적도 없었다고 합니다.

영원한 행복으로 가는 두 번째 열쇠 – 좋아하는 일

Q: 직업에는 스트레스가 필수적으로 따라온다고 하셨는데요, 스트레스가 적으면서 돈도 많이 벌 수 있는 꿈의 직업이 있을까요?

A: 나에게 적합한 직업을 찾기 위해서는 다음 3가지 조건을 모두 만족시키는 직업을 찾으면 됩니다.

- 내가 좋아하는 일

- 내가 잘하는 일

- 사회적으로 인정받는 일

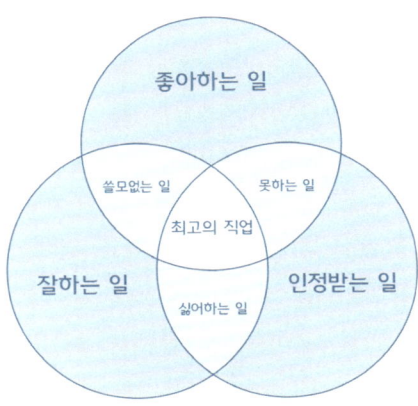

하지만 안타깝게도 그 모두를 만족시키는 직업은 많은 돈을 보장하지는 않습니다. 대부분이 예술가 혹은 여행 유튜버이기 때문입니다.

그렇다고 해서 금전적 보상이 적은 일이 나쁜 것은 아닙니다. 생존에 필요한 돈만 있어도 행복하게 살 수 있기 때문입니다.

Q: 행복해지려고 일을 하는데, 일 때문에 스트레스가 심해서 행복하지가 않아요. 어쩌면 좋죠?

A: 일을 많이 하면 돈을 많이 벌지만 스트레스도 그만큼 늘어납니다. 그래서 돈과 함께 따라오는 스트레스를 해결하기 위해서 2번째 열쇠가 필요합니다. 영원한 행복을 위한 2번째 열쇠는 바로 이것입니다.

좋아하는 일 혹은 취미를 직업으로 삼으시오.

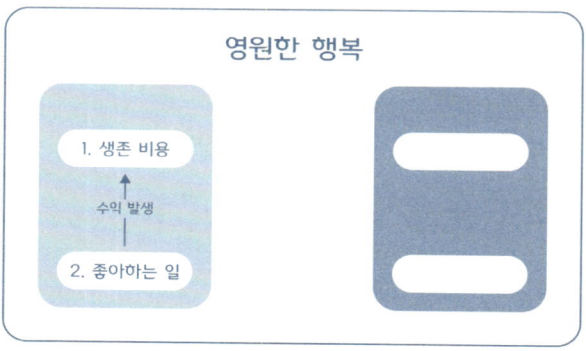

자신이 좋아하는 일을 하면 스트레스가 적고, 인생이 행복하며, 게다가 돈도 벌 수 있습니다.

🎵 보상은 적지만 좋아하는 일

> 제니퍼: 제 직업은 회계사입니다. 멋있는 직업이지만 숫자 계산은 제가 좋아하는 업무가 아니에요.
> 제가 최근에 아기를 낳았는데 그 후로 육아와 집안일이 부쩍 늘었어요. 몸이 힘드니 평소에 싫어하던 제 직업이 더욱 힘들게 느껴집니다. 예전에 그래픽 디자인을 배운 경험이 있는데 그때 했던 실습이 무척 재미있었어요. 현재의 제 직업에서는 그런 즐거움을 느껴본 경험이 없네요.

> A: 직업이 스트레스를 준다면 결코 행복할 수 없습니다. 프리랜서로 그래픽 디자이너 일을 시작해 보시기 바랍니다. 수익은 적지만 업무 스트레스는 훨씬 줄어들 겁니다. 일이 없을 때는 도자기 혹은 액세서리를 만들어서 시장에서 팔아도 됩니다.

자녀에게 비싼 교육을 제공하지는 못하지만, 본인이 직접 공부를 가르치면 가족과 함께하는 시간이 더 늘어나고 자녀도 행복해할 겁니다.

많은 사람들이 가족과 함께 시간을 보내는 것보다 열심히 돈을 벌어서 가족들에게 좋은 물건과 비싼 교육을 제공하는 것이 더 낫다고 생각합니다. 인간은 망각의 동물이기 때문입니다.

당신은 어렸을 때 부모에게 무엇을 원했는지 기억나십니까?
수준 높은 교육 환경? 용돈?

모든 사람들은 어릴 때 물질적 풍요보다 부모의 사랑을 더 원했습니다. 그리고 어린이가 성인이 된 후에는 자신의 부모와 같은 실수를 되풀이합니다.

부모가 행복하지 못하면 자녀에게도 스트레스가 그대로 전달됩니다.

금전적 보상이 작더라도 하고 싶은 일을 하면 자녀에게 더 자상한 부모가 되고, 가족들과 함께하는 시간이 늘어납니다.

자녀가 있다면 이것을 기억하시기 바랍니다.

지금 이 순간은 다시는 돌아오지 않습니다. 영원히.

📖 쉬어가는 페이지

다윈 어워드

- 한 청년이 콜로라도주의 어느 구멍가게에서 강도질을 했습니다.
  점원이 돈을 담는 사이 진열대의 술을 본 청년은 그 술도 봉투에 넣으라고 요구했습니다.
  점원이 "너 21세 넘었어?"라고 따지자 이 청년은 신분증을 보여 주었습니다. 21세 이상임을 확인한 점원은 술을 주었습니다.
  두 시간 후 경찰이 청년을 체포했습니다.

- 차량 도난을 신고받은 경찰은 차 안의 카폰으로 전화하여 "광고를 봤다. 차를 사고 싶다"라고 했습니다.
  절도범은 바로 체포되었습니다.

- 샌프란시스코의 한 은행에서 어떤 남자가 은행을 털려 했습니다.
  "나는 총이 있다. 이 가방에 돈을 넣어라."라고 은행 용지에 써서 창구 줄에 서서 기다렸습니다.
  그러나 누가 그렇게 쓰는 걸 봤을까 걱정이 되어 길을 건너 다른 은행으로 갔습니다.
  창구 직원에게 종이를 보였을 때, 이 여직원은 강도가 멍청하다는 사실을 간파하고 "이건 AA 은행 용지라서 우린 돈을 줄 수가 없습니다. 우리 용지에 다시 쓰던가 길 건너편 AA 은행으로 가 보세요"라고 했습니다.
  강도는 알았다며 다시 아까의 은행으로 갔습니다.
  경찰이 출동했을 때 그는 AA 은행 창구에 줄 서 있었습니다.

🔐 첫 번째 열쇠 + 두 번째 열쇠 = 자아실현

> Q: 좋아하는 일만 하면 스트레스는 적겠지만 수입이 적으니 비싼 옷이나 자동차, 여행은 포기해야 하겠네요. 그러면 인생이 무료하지 않을까요?

> A: 소비가 아니라 일상에서 즐거움을 찾으면 인생이 무료하지 않습니다.

첫 번째 열쇠(생존 비용)와 두 번째 열쇠(좋아하는 일)는 연결되어 있고, 그 둘을 합치면 '자아실현'이 됩니다.

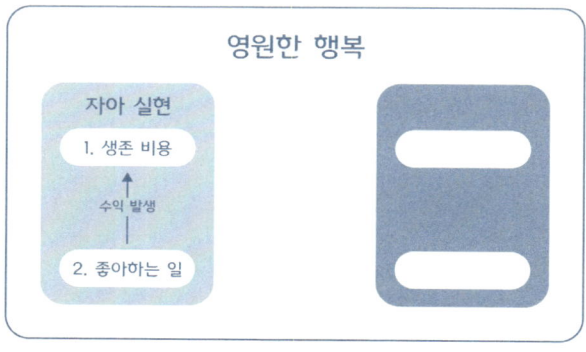

하나님이 자기 형상, 곧 하나님의 형상대로 사람을 창조하시고
〈출처: 창세기 1장 27절〉

인간은 신의 형상대로 창조되었습니다. 그리고 신의 형상은 두 발로 걷는 원숭이의 모습이 아니라 '사랑과 창조'입니다.

인간은 누구나 자아실현이라는 욕구가 있으며, 자아실현은 '새로운 것을 창조하며 다른 생명체들에게 도움을 주는 모든 행위'를 의미합니다.

인간은 누구나 자신이 이 세상을 살아가는 의미를 발견하려 하고, 스스로의 값어치를 증명하고 싶어 합니다.

칭찬은 고래도 춤추게 합니다. (출처: 켄 블랜차드)

모든 사람들은 자아실현의 욕구를 가지고 있기 때문입니다.

우리는 사랑과 창조에서 인생의 기쁨을 발견할 수 있습니다. 돈이 많지 않아도 평생 행복하게 살 수 있는 것입니다.

🔓 자아실현과 행복

> Q: 선생님의 말씀은 교과서를 그대로 읽는 것 같네요. 그렇다면 어째서 현실에서는 근면 성실한 사람들보다 쉬운 것만 찾는 사람들이 더 많은 걸까요?

> A: 하루야마 시게오의 저서 『뇌내혁명』의 내용을 요약하면 다음과 같습니다.

인간의 욕구 수준은 단계적으로 높아집니다. 낮은 수준의 욕구가 충족될 때 그보다 높은 수준의 욕구가 강해지는 것입니다.

인간의 욕구가 진화하는 과정은 다음과 같습니다.

① 기본적인 생리 욕구가 충족되면
② 안전에 대한 욕구가 강해지고, 이것이 충족되면
③ 소속감과 사랑에 대한 욕구가 강해지고, 이것이 충족되면
④ 인정을 받으려는 욕구가 강해지고, 이것이 충족되면
⑤ 자아실현의 욕구가 강해집니다.

자아실현을 위해서는 생존에 꼭 필요한 기본적인 욕구를 충족시키되, 1차원적인 중독(도파민 중독)에서 벗어나야 한다는 의미입니다. 많은 돈을 벌지 않더라도 자신이 하고 싶은 일을 마음껏 할 수 있고, 게다가 생존에 충분한 돈을 벌 수 있다면 그것만으로 행복한 인생이 될 수 있는 것입니다.

Q: 하지만 과연 인간의 기본적인 욕구를 만족시키다 보면 언젠가는 자아실현의 욕구가 강해질까요?

A: 아주 중요한 질문입니다. 안타깝게도 이론과 현실은 일치하지 않습니다. 현실적으로 생존 비용이 충족되고, 업무 스트레스가 적은 사람들의 인생이 모두 행복한 것은 아닙니다. 인간의 욕심은 끝이 없기 때문입니다.

걸어 다니면 자전거를 사고 싶고,
자전거를 사면 오토바이를 사고 싶고,
오토바이를 사면 자동차를 사고 싶고,
자동차를 사면 비행기를 사고 싶은 것이 인간의 마음입니다.

게다가 인간의 욕심은 자동차 한 가지로 끝나지 않습니다. 넓은 집, 해외여행, 비싼 식기, 명품 가방, 옷, 보석, 등등, 인간은 자신이 소유하지 못한 모든 것들을 갈구합니다. 그래서 생존에 아무런 문제가 없는데도 자신이 불행하다고 느낍니다.

인간의 욕심에 끝이 없는 이유는 착각 때문입니다. 인간은 스트레스가 있을 때 불필요한 욕구가 강해지고, 욕구를 채웠을 때 잠시나마 스트레스를 잊을 수 있습니다. 그러나 스트레스의 원인은 여전히 남아있기에 욕구는 끊임없이 되돌아옵니다.

평생 행복하기 위해서는 욕구의 근본 원인을 찾아야 합니다.

📖 쉬어가는 페이지

국회의사당을 점거한 테러리스트

한 무리의 테러리스트들이 국회의사당을 점거하고 있습니다. 그들은 동료의 석방을 수차례 요구하며, 그때마다 이 말도 빼놓지 않습니다.

"만일 우리의 요구를 들어주지 않으면, 국회의원들을 5분에 한 명씩 석방하겠다!"

📖 쉬어가는 페이지

여자친구 집에 놀러 갔더니

A: 어제 황당한 일이 있었어. 여자친구가 집에 아무도 없다고 놀러 오라고 했거든.
B: 응 그래서? 계속해 봐.
A: 그래서 여자친구 집에 가서 벨을 눌렀어.
그랬더니 정말 아무도 없더라구.

B: 당연하지. 넌 여자친구 없잖아.

세 번째 열쇠

🔓 중독의 의미

> Q: 하고 싶은 것도 많고, 가지고 싶은 것은 많은데 경제적으로 여유롭지 못하다면 어떻게 해야 할까요?

> A: 그에 대한 답을 찾기 위해서 행복이 무엇인지를 생각해 봅시다. 사회학자들은 행복을 다음과 같이 정의합니다.
> 행복이란: 자신이 소유한 범위 안에서 기쁨을 발견하는 능력.

운동선수들의 남들보다 우월한 신체적 능력, 혹은 스티브 잡스의 기발한 아이디어처럼 '행복'도 환경이 아니라 개인의 능력이라는 의미입니다.

이 말이 맞다면 가난한 사람들도 행복할 수 있어야 하는데 이론과 현실은 차이가 큽니다. 좋아하는 일만 하면서 생존에 필요한 정도의 돈만 벌고 살면 행복할 것 같지만, 인간은 그것만으로 만족하지 못합니다. 인간은 외부 요인들(물건, 사람 혹은 여행)에 의지하고 거기에 중독되기 때문입니다.

여기서 '중독'이라는 단어의 의미를 짚고 넘어갑시다.
생존에 꼭 필요한 것이 아닌데도 무언가를 간절히 원한다면 그것에 중독되었다는 의미입니다.

🔓 중독에서 자유로웠던 성현들

> Q: 선생님의 말씀으로는 행복하기 위해서 1차원적인 욕구에서 벗어나야 한다는 의미로군요. 보통 사람이 그렇게 할 수 있을까요?

> A: 인류 역사를 볼 때 1차원적인 욕구에서 자유로웠던 사람들도 분명 존재했었습니다. 다만 그 수가 지극히 적었을 뿐입니다. 다음은 중독에서 해방되었던 성현들입니다.

- 욕심은 고통을 부르는 나팔이다.
  〈출처: 석가모니〉

- 욕심이 잉태한즉 죄를 낳고, 죄가 장성한즉 사망을 낳느니라.
  〈출처: 야고보서 1장 14절〉

- 에피쿠로스는 쾌락주의의 창시자로 알려져 있지만, 실제로는 철저히 금욕적인 삶을 살았습니다. 그는 육체적인 쾌락을 추구했던 퀴레네 학파와는 달리 정신적인 평화에 도달하여 영원한 행복을 추구했습니다. 그 무엇에도 의지하지 않을 때 영원한 행복을 얻을 수 있다는 진리를 그는 오래전에 깨달았던 것입니다.

- 알렉산더 대왕의 스승은 아리스토텔레스였습니다. 알렉산더가 아테네를 정복했을 때 당대 최고의 석학들이 모여 있었으나, 그의 스승과 견줄만한 지성은 없었습니다. 알렉산더가 유일하게 만나고 싶어 했던 철학자는 디오게네스뿐이었습니다. 알렉산더가 코린트시를 방문했을 때 디오게네스는 나무통 안에 살면서 무소유를 실천하고 있었습니다.

알렉산더가 디오게네스에게 소원을 말해 보라고 했을 때 디오게네스는 이렇게 대답했습니다.

"당신이 내 햇볕을 가리지 않게끔 옆으로 조금 비켜서 주시오."

다음은 두 사람이 함께 걸으면서 나눈 대화입니다.

디오게네스: 대왕께서는 그리스를 정복한 다음에는 무엇을 하시렵니까?

알렉산더: 페르시아를 정복할 것이오.

디오게네스: 페르시아를 정복한 다음에는 무엇을 하시렵니까?

알렉산더: 그다음에는 인도를 정복할 것이오.

디오게네스: 그럼 인도를 정복한 다음에는 무엇을 하시렵니까?

알렉산더: 인도를 정복한 다음에는 편히 쉴 것이오.

디오게네스: 저는 이미 오래전부터 편히 쉬고 있소이다. 인도를 정복한 다음에 쉴 게 아니라 지금 쉬는 건 어떻습니까?

🔒 중독이 불러오는 문제들

> Q: 하지만 대부분의 사람들은 성현들과 다릅니다. 거의 모든 사람들이 적당히 욕구를 충족시키면서 살아갑니다. 그렇다면 그 많은 사람들이 틀렸다는 말씀인가요?

> A: 인간의 욕심은 끝이 없어서 다른 대상(물건 혹은 사람)에게 의지하면 그것으로 만족하지 못하고 더 많은 것을 원합니다. 그렇기 때문에 물질적으로 풍요로운 현대인들이 가난했던 과거의 인류보다 더 불행하다고 느끼는 것입니다.

게다가 다른 대상에게 의지하는 행복은 여러 가지 문제들을 불러옵니다.

- 업무 스트레스 증가: 중독 요인을 구입하기 위해서 더 많은 돈과 시간을 필요로 합니다. 더 많이 힘든 일을 해야 하고, 결과적으로 2번째 열쇠(좋아하는 일)가 기능을 상실하게 됩니다.

- 금단 증상: 중독 요인이 손에서 멀어지면 불안하고, 중독되기 전보다 더 우울해집니다.

- 더 깊은 중독: 중독이 심해질수록 더 자주, 더 강한 자극을 경험해야 처음의 기쁨을 느낄 수 있습니다.

생존에 불필요한 욕구를 충족시키면 거기에 중독되고, 중독되면 본인 스스로를 고통으로 이끕니다. 행복의 반대방향으로 가는 것이지요.

📖 쉬어가는 페이지

기쁜 소식, 나쁜 소식, 아주 나쁜 소식

(1)
기쁜 소식: 부인이 임신하셨습니다.
나쁜 소식: 세쌍둥이입니다.
아주 나쁜 소식: 당신은 이미 5년 전에 정관수술을 했잖소?

(2)
기쁜 소식: 부인이 당신과 말도 하지 않겠답니다.
나쁜 소식: 부인께서 이혼을 원하십니다.
아주 나쁜 소식: 부인은 변호사입니다.

(3)
기쁜 소식: 당신의 아들이 방에서 열심히 공부하고 있소.
나쁜 소식: 그 방에서 포르노 비디오를 봤죠?
아주 나쁜 소식: 당신이 그 비디오에 나와요.

(4)
기쁜 소식: 당신의 남편은 패션을 아는군요.
나쁜 소식: 당신의 옷을 입기도 하더군요.
아주 나쁜 소식: 당신보다 더 잘 어울려요.

(5)
기쁜 소식: 딸에게 성교육을 시켰어.
나쁜 소식: 딸애가 자꾸 그만두래.
아주 나쁜 소식: 걔가 틀린 부분을 고쳐줬어.

(6)
기쁜 소식: 당신 아들이 새로운 사람과 데이트하고 있어.
나쁜 소식: 또 다른 사람이야.
아주 나쁜 소식: 너랑 제일 친한 친구야.

🔓 영원한 행복으로 가는 세 번째 열쇠 – 중독 해방

> Q: 대부분의 사람들은 행복해지기 위해서 욕구를 충족시키면서 살아가고 있습니다. 선생님은 어떻게 해야 행복해질 수 있다고 생각하시나요?

> A: 술, 담배, 마약, 맛있는 음식, 도박, 쇼핑, 여행, 비디오 게임, 친구, 연애, 등등, 나 이외의 다른 대상에 의지하는 행복은 결코 영원할 수 없습니다. 찰나의 기쁨에 대한 대가로 스스로 중독의 노예가 되는 것입니다.

평생 행복하게 사는 방법은 이러합니다.
그 어떤 대상에도 의지하지 않을 때 영원히 행복한 상태에 머물 수 있습니다.

영원한 행복을 위한 3번째 열쇠는 바로 이것입니다.
모든 1차원적인 중독으로부터의 해방.

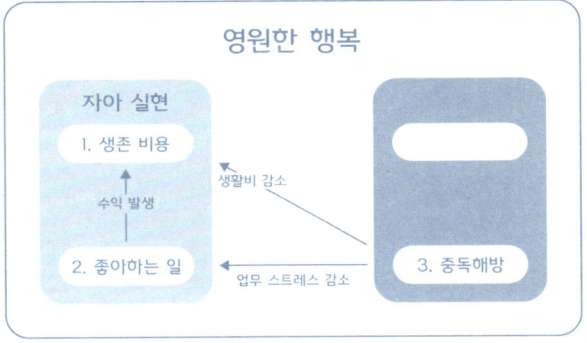

3번째 열쇠는 다른 열쇠에 긍정적인 영향을 끼칩니다.

- 지출이 줄어들기 때문에 생존 비용을 위해 많은 일을 할 필요가 없습니다. (첫 번째 열쇠)

- 좋아하는 일만 하더라도 충분한 생존 비용을 벌 수 있습니다. (두 번째 열쇠)

🎵 중독에서 벗어났다는 착각

> 제니퍼: 제 취미는 패션 아이템을 사는 거였어요. 옷, 구두, 모자, 가방, 목걸이를 살 때 잠시나마 나 자신이 살아있음을 실감했었죠.
>
> 좋아하는 쇼핑을 맘껏 하려고 저는 좋은 직장에 들어갔고, 하기 싫은 일을 열심히 했어요.
> 물질적 풍요가 주는 기쁨은 짧았고, 업무에서 오는 스트레스는 길었어요. 스트레스를 해소하기 위해서 필요도 없는 비싼 물건을 더 많이 사고, 카드 대금을 갚기 위해서 더 열심히 일하고, 또다시 스트레스를 받는 악순환이 계속되었답니다.
>
> 자녀가 생긴 후로 저는 직장을 그만두고 나 자신이 하고 싶은 일을 시작했어요. 수익이 줄어서 더 이상 사치품은 살 수 없었죠.
> 긍정적인 면도 있었어요. 불필요한 쇼핑을 포기하니 지출이 줄어서 더 이상 하기 싫은 일을 할 필요가 없어졌어요.
>
> 대신에 저에게 다른 취미가 생겼어요. 비싼 물건을 사고 싶을 때면 저는 와인을 마셔요. 그러면 물건을 사고 싶은 욕구가 가라앉는 답니다.

> A: 마음이 공허하면 대부분의 사람들은 물질로 마음을 채우려는 경향이 있습니다. 폭식, 사치품, 혹은 다른 사람에게 의지하는 경우도 흔합니다. 마음을 속이는 효과는 일시적일 뿐이고, 자신이 쇼핑 중독에 빠졌다는 사실을 인정하지 않습니다.

중독에서 벗어날 때에도 새로운 중독 요인으로 갈아타는 경우가 흔합니다.

행복하기 위해서는 중독에서 완전히 벗어나야 합니다. 모든 문제는 그 원인을 찾아야 근본적으로 해결할 수 있습니다. 행복하려면 중독에 빠지는 근본적인 원인을 찾아야 하는 것입니다.

🔒 중독에 빠지는 원인

> 제니퍼: 제가 쇼핑과 와인에 의존하고 있다는 말씀이군요. 저도 중독에 빠지는 이유에 대해서 고민해본 적이 있어요. 하지만 누구나 중독되는 요인이 한두 가지는 있잖아요. 거기에 특별한 이유 같은 게 있나요?

> A: 그에 대한 답을 찾기 위해서 중독이 진행되는 과정을 살펴볼 필요가 있습니다.

(1) 사람이 병들거나 다치면 통증을 느낍니다. 자신의 병을 치료하라는 몸이 보내는 신호입니다.

(2) 병이 증상으로 나타나기 전 단계에는 통증 대신에 우울감이나 불안감이 느껴집니다. 이때 사람은 자신의 몸에 문제가 발생했다는 것을 깨닫고 적극적으로 대처해야 합니다.

(3) 그러나 대부분의 사람들은 정반대로 행동합니다. 술, 담배, 자극적인 게임, 쇼핑, 혹은 다른 사람에게 의지합니다. 강한 자극으로 몸이 보내는 신호를 망각하는 것입니다.

(4) 시간이 지날수록 우울감은 더 강해지고 사람은 더 강한 자극을 탐닉하면서 몸의 신호를 무시합니다.

사람이 중독에 빠지는 원인은 몸이 보내는 건강 위험 신호를 무시하기 때문입니다. 그리고 몸이 보내는 신호는 우울증입니다.

일부 극소수의 부자들뿐만 아니라 모두가 행복해지려면 중독과 우울증에서 해방되어야 합니다.

🔓 중독 해방의 장점들

> **제니퍼:** 마약이나 도박 같은 심각한 문제가 아니더라도 모든 중독에서 벗어나야 할까요?

> **A:** 자극이나 의존성이 약한 중독은 적당히 즐겨도 살아가는데 지장이 없습니다. 다만 모든 외부 의존 요인에서 멀어지면 다음의 장점들이 따라옵니다.

- 좋아하는 일만 하고,
- 생존에 필요한 돈만 벌면서,
- 스트레스 받지 않고 행복하게 살 수 있습니다.

역사적으로 위대한 성현들은 모두 이 진리를 깨우쳤습니다. 그리고 현대인들은 모두가 이 단순한 진리를 알고 있습니다. 하지만 아는 것만으로는 사람이 바뀌지 않습니다.

길을 아는 것과 길을 가는 것은 다른 것이다.
〈출처: 매트릭스-2 리로디드〉

대부분의 사람들은 다른 대상에 의존해서 행복을 얻으려고 합니다.
① 중독 요인이 주는 기쁨이 지나간 후에는
② 상처받고,
③ 세상을 원망하며,
④ 운이 안 좋았을 뿐이라고 생각하며 스스로를 위로하고,
⑤ 또다시 외부에서 행복을 찾으려는 시도를 끝없이 반복합니다.

본인도 너무 힘들어서 중독에서 벗어나려고 노력하지만, 번번이 실패하거나 한 가지 중독 요인에서 다른 요인으로 넘어가는 경우가 대부분입니다.

📖 쉬어가는 페이지 ─────────────

우리가 알지 못하는 것들

- 혓바닥으로 자신의 팔꿈치를 핥는 건 불가능합니다.

- 악어는 자신의 혀를 내밀 수 없습니다.

- 새우의 심장은 머리 안에 있습니다.

- 돼지는 하늘을 볼 수 없습니다.

- 세계 인구의 50%가 넘는 사람들이 여태껏 한 번도 인터넷을 사용한 경험이 없습니다.

- 쥐랑 말은 토를 못합니다.

- "sixth sick sheik's sixth sheep's sick"란 문장은 영어 문장 중에 가장 발음하기 힘듭니다.

- 재채기를 너무 세게 하면 갈비뼈가 부러질 수도 있습니다. 그러나 그 재채기를 참으려고 하면 목이나 머리에 있는 혈관이 터져서 죽을 수 있습니다. 그리고 재채기를 할 때 억지로 눈을 뜨려고 하면 눈알이 빠질 수 있습니다.

- 한 시간 동안 헤드폰을 끼고 있으면 자신의 귀에 있는 박테리아의 수가 무려 700배나 증가합니다.

- 라이터가 성냥보다 먼저 개발되었습니다.

- 데이트 상대를 찾는 광고를 내는 사람들 중에 35%가 기혼자입니다.

- 사람은 평생 동안 자면서 자신도 모르게 7여 종의 벌레들과 10마리의 거미를 먹습니다.

- 거의 모든 립스틱의 성분에 생선 비늘이 들어갑니다.

- 고양이의 소변은 야광입니다.

- 마지막으로 이 글을 읽는 사람들 중에 75%가 자신의 팔꿈치를 핥아 보려 할 것입니다.

🔒 중독에서 벗어나기 힘든 이유

> 제니퍼: 저도 중독에서 벗어나려고 노력해 봤어요. 쇼핑 중독에서 겨우 벗어났는데 정신 차리고 보니 제가 알코올에 중독되어 있더라구요. 왜 이렇게 중독에서 완전히 해방되는 게 힘들까요?

> A: 인간의 생존에 꼭 필요한 3대 욕구는 다음과 같습니다.
> - 식욕
> - 수면욕
> - 배설욕
>
> 생존에 필요한 욕구 이외에 다른 욕구는 모두 스스로를 불필요하게 괴롭힙니다.

사람들이 흔히 의존하는 중독 요인들은 다음과 같습니다.

(1) 쇼핑 중독

좋은 옷이나 비싼 가방을 사면 그 순간은 잠깐 기분이 좋아지지만, 행복은 오래 지속되지 않습니다. 그래서 또 물건을 사게 되고, 필요한 돈을 벌기 위해서 힘든 노동을 더 많이 해야 합니다. 여행도 마찬가지입니다.

(2) 향정신성 약물 중독 - 술, 담배, 마약

친구들과 즐거운 시간을 보낼 때의 도파민 수치는 120,
술을 마실 때는 150,
남자의 오르가슴은 240,
여자의 오르가슴은 480 정도입니다.

마약을 했을 때의 도파민 수치는 1,250까지 치솟습니다. 그 이후에는 마약 이외에 다른 자극으로는 도파민이 분비되지 않습니다. 한 번 마약에 빠지면 마약을 제외한 그 무엇도 즐겁지 않게 되는 것입니다.

(3) 친구, 대인관계

다른 사람에게 무언가를 줄 때 그에 대한 보답을 기대하면 상처받을 가능성이 큽니다.

자유란 내가 한 행동에 대한 결과를 기대하지 않는 것이다.
〈출처: 신과 나눈 이야기〉

모든 고민은 인간관계에서 비롯된다.
〈출처: 심리학자 아들러〉

(4) 연애

공허한 마음을 다른 사람의 관심으로 채우려는 시도는 상처와 실패로 끝날 확률이 높습니다. 그 이유는 이러합니다.

다른 사람에게 사랑을 주기 위해서 연애를 시작하는 사람은 없습니다.
모든 사람은 자신이 사랑받기 위해서 연애를 시작합니다.
그렇기 때문에 연애를 통해서 원하는 것을 얻을 수 없습니다.

(5) 도박

도박은 쉽게 돈을 벌 수 있다는 환상 속에 사람을 가둡니다. 도박을 끊기 어려운 이유가 이 때문입니다.
첫 번째 경험의 기억은 사람을 평생 동안 따라다닙니다. 도박을 처음 했을 때 운이 좋아서 돈을 따게 되면 그 사람은 자신이 특별하다는 착각을 버리지 못합니다. 마약처럼 평생 도박을 끊을 수 없는 것입니다.

(6) 비디오 게임

비디오 게임에서 농사를 지으면 현실보다 훨씬 쉽게 보상을 얻을 수 있습니다. 게임에 중독되면 현실의 노력이 더 힘들게 느껴지게 됩니다. 게임 속 세상에서 계속 살고 싶어지는 것입니다.

욕구는 충족시킬수록 더 강해지며, 의존 대상에 서서히 중독되어 시간이 지날수록 더 벗어나기 힘들어집니다. 벗어났다고 생각하더라도 다른 의존 대상으로 갈아타는 경우가 흔합니다.

인간이 행복해지려면 1차원적인 욕구를 통제하고, 중독에서 해방되어야 합니다. 하지만 현실은 말처럼 쉽지 않습니다. 욕구를 참으면 습관이 될 수는 있지만, 완전히 욕구가 사라지는 것은 아니기 때문입니다.

흡연자들 사이에는 이런 말이 있습니다.
담배는 끊는 것이 아니라 참는 것이다.

담배는 영원히 끊을 수 없다는 의미입니다. 그리고 모든 종류의 중독이 그러합니다. 그렇기 때문에 1차원적인 중독(도파민 중독)에서 벗어나기 위해서 마지막 4번째 열쇠가 필요합니다.

📖 쉬어가는 페이지

당신의 지능 지수 테스트

- '여덟 난쟁이'를 열 번만 말하세요.
  신데렐라에 나오는 난쟁이가 몇 명이죠?

- A, B, C라는 세 나라가 있습니다. C라는 나라에서 비행기가 출발하여 A라는 나라로 가는데 그 비행기가 A와 B의 국경선에 추락했습니다.
  그럼 생존자는 어디에 묻어야 할까요?

- 어떤 달팽이가 있습니다.
  그 달팽이가 이상한 모양의 운동장을 도는데, 오른쪽으로 돌면 1시간 30분이나 걸리는데, 왼쪽으로 돌면 90분밖에 걸리지 않습니다.
  왜 그럴까요?

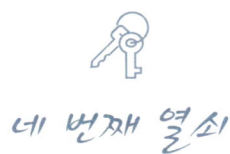

네 번째 열쇠

🔓 중독과 우울증의 원인

> 제니퍼: 모든 중독에서 자유로웠던 성현들도 있기는 있었죠. 하지만 그분들은 세상 사람들을 구원한다는 숭고한 정신을 가졌던 위대한 영혼들이었어요. 저는 그저 보통 사람일뿐이구요. 저에게는 그분들 같은 숭고한 정신이 없어요.

> A: 금욕을 실천했던 성현들(예수, 부처, 에피쿠로스, 디오게네스)은 남을 위해서 그렇게 했던 것이 아닙니다. 본인 자신을 위해서 쾌락을 멀리했습니다.

> 제니퍼: 그렇다면 성현들은 욕구를 다스렸는데, 왜 저 같은 사람들은 그렇게 하지 못하는 걸까요?

> A: 사람들은 모두 중독과 집착에서 벗어나야 자유로워진다는 것을 머리로는 알아도 실천은 되지 않습니다.
> 그 이유는 성현들은 명상으로 언제 어디서나 행복에 도달할 수 있었고, 보통 사람들은 그렇게 하지 못하기 때문입니다.

- 명상은 아무것도 하지 않을 때 행복한 상태를 의미합니다.
- 아무것도 하지 않을 때 행복하려면 몸이 건강해야 합니다.

- 금욕을 실천했던 성현들은 명상이 가능할 정도로 건강했습니다.
- 그 외에 다른 사람들은 대부분 건강하지 않았거나 명상의 즐거움을 알지 못했습니다.

중독에서 벗어나지 못하는 이유는 아무것도 하지 않을 때 우울하고 불안하기 때문입니다.
아무것도 하지 않을 때 불안한 이유는 우울증이 있기 때문이며, 우울증은 몸의 병입니다.

제니퍼: 우울증이 몸의 병이라고 하셨나요? 마음의 병 아닌가요?

A: 여기서 건강이란 마음의 건강을 의미하는 것이 아닙니다. 말 그대로 '몸의 건강'을 의미합니다.

건강은 단지 질병이 없는 상태를 의미하는 것이 아니라 신체적, 정신적, 사회적으로 완전한 상태입니다.
〈출처: 세계보건기구(WHO)〉

제니퍼: 어째서 우울증이 몸의 문제라고 생각하시나요?

A: 다음은 우울증의 증상들이고, 이런 증상들은 몸이 건강하지 않다는 증거입니다.

- 기운이 부족하고, 매사에 의욕이 없다
  무기력증은 우울증의 초기 증상이며 혈액순환이 불안정하기 때문입니다.

- 명치 통증

  혈관에 혈전이 쌓이면 혈액순환을 방해하고 그 부위에 통증이 느껴집니다. 우울증 환자들의 명치 부위 통증은 몸 전체 혈관에 혈전이 많다는 증거입니다.

- 어린 시절의 애정결핍

  우울증 환자들의 공통점 중 하나는 부모의 눈치를 본다는 것입니다. 어릴 때 부모에게 사랑받지 못하면 뇌와 부신이 발달하지 못하고 늘 긴장해서 혈액순환에 문제가 생깁니다. 호르몬 불균형과 혈전 때문에 우울증이 생기는 것입니다. 부모의 압박감은 자녀가 성인이 되어서도 PTSD로 남습니다.

- 잦은 두통, 소화 장애

  스트레스는 두통, 소화 장애 같은 신체적 문제를 불러옵니다. 몸이 건강하지 않아도 통증과 스트레스가 생깁니다. 악순환이 꼬리를 물고 반복되는 것입니다.

우울증의 공통 증상들

Q: 제가 우울증인지 아닌지를 판단할 수 있는 우울증의 증상들은 뭐가 있을까요?

A: 다음은 우울증 환자들의 공통된 증상들입니다.

- 일을 시작하기도 전에 걱정
  항상 심리적으로 우울하면 일을 시작하기도 전에 결과가 부정적일 거라고 걱정합니다. 부정적인 생각에서 벗어나지 못하기 때문에 쉽게 포기하는 것입니다.

- 낯가림이 심하다
  우울증이 있으면 작은 것에 큰 의미를 둡니다. 낯선 사람의 반응을 걱정하기 때문에 새로운 사람과의 만남을 피하려고 합니다.

- 징크스가 있다
  우울증이 있는 사람이 음식, 사람, 제품, 등에 안 좋은 경험을 하면 기억에 오래 남습니다. 자신이 우울한 이유가 과거의 안 좋은 사건 때문이라고 착각합니다. 그래서 유사한 상황을 피하려고 합니다.

- 완벽주의 성향
  라이프 사이클에 변화가 생기면 작은 변화도 적응하기 힘들고, 작은 시련에도 상처를 받습니다. 그래서 완벽주의 혹은 강박증 증세가 강해지고 새로운 일을 시작하지 못하게 됩니다. 새로운 일은 누구나 잘하지 못하기 때문에 다른 사람의 시선을 의식하고 포기하게 됩니다.

- 행복할 때도 불안하다

  좋은 일이 찾아왔을 때 이 상황이 끝날지도 모른다는 불안감이 강해서 행복한 상황을 즐기지 못합니다.

- 사소한 일에 의미 부여

  우울증이 있으면 의식이 몸 밖으로 집중되고, 다른 사람의 사소한 말에도 의미를 부여합니다. 상대방이 한 말의 의미를 고민하면서 걱정으로 시간을 보냅니다.

- 사랑도 부질없다고 생각한다

  사랑하는 사람이 나타나도 헤어질 때 상처에 대한 걱정이 앞섭니다. 미래를 걱정하느라 상대방에게 최선을 다하지 못합니다. 상대가 지쳐서 떠나가면 그때부터는 소극적이었던 자신을 자책하기 시작합니다.

🎵 행복의 반대말 – 우울증

> 제니퍼: 저 증상들은 저에게도 많이 있는 것들이네요. 그렇다면 결국 저에게 우울증이 있기 때문에 제가 행복하지 않다는 말씀인가요?

> A: 이걸 생각해 봅시다. '행복'의 반대말은 무엇일까요?
> 저는 '행복'의 반대말을 '우울증'이라고 생각합니다.

우울증 환자는 생존에 아무런 문제가 없는데도 자신이 불행하다고 느낍니다. 우울증이 생기면 불안장애, 강박증, 피해망상, 분노 조절 장애 등의 증상들이 동반됩니다.

아무것도 하지 않으면 이런 불편한 증상들이 느껴지기 때문에 언제나 외부에 관심을 돌려서 몸의 고통을 잊으려고 합니다. 외부 요인에 의존하기 때문에 쉽게 중독에 빠지는 것입니다.

아무것도 하지 않을 때 행복해야 진정으로 행복할 수 있습니다.
우울증이 있으면 아무것도 하지 않을 때 불안합니다.

그렇기 때문에 행복의 반대말은 우울증인 것입니다.

🔒 우울증의 증상 – 저장 강박증

제니퍼: 저는 필요도 없는 물건을 계속해서 샀어요. 쇼핑중독도 우울증 때문인가요?

A: 우울증 환자의 특징들 중 하나는 저장강박증입니다. 주변 사람들의 관심으로 마음을 채우려는 우울증 환자들도 많습니다.

우울증이 있으면 늘 마음이 공허하기 때문에 물건 혹은 사람들의 관심으로 텅 빈 마음을 채우려 합니다.

부자들의 습관 중 이런 것이 있습니다.
부자들은 사용하지 않는 물건은 버립니다.

우울증 환자와 반대입니다. 우울증이 있으면 몸도 마음도 모두 가난해지는 것입니다.

🔓 우울증의 증상 – 대인관계 실패

> 제이콥: 팬데믹 기간에 수입이 줄어든 이후로 제가 짜증이 많아졌습니다. 어제는 아내가 양말을 침실 바닥에 벗어놓은 것을 보고 잔소리를 했습니다. 평소 같았으면 그냥 넘어가도 되는 사소한 문제에도 요즘은 예민하게 반응하곤 합니다. 대인관계가 원만해지려면 어떻게 해야 할까요?

A: 사소한 문제에도 스트레스를 크게 느끼는 이유는 항상 불안감을 느끼기 때문입니다.

- 사람은 불안할 때 주변 사람이 실수를 하면 그것이 자신을 힘들게 하는 원인이라고 착각합니다.

- 그렇기 때문에 대인관계 문제를 해결하려면 평소 스트레스의 원인을 찾아야 합니다.

- 제이콥씨가 느끼는 스트레스의 근본 원인은 경제적 문제가 아닙니다. 경제적 문제는 트리거 역할에 불과합니다.

- 제이콥씨는 약한 우울증이 있다고 판단됩니다. 평소에는 우울증이 심각하지 않아서 모르고 지내다가 환경적인 문제가 생기면 그때 우울감이 심해집니다.

- 그래서 대부분의 우울증 환자는 자신에게 우울증이 있다는 것을 인지하지 못하고 치료를 소홀히 하게 됩니다.

- 제이콥씨의 우울증은 마음의 문제가 아니라 신체적인 문제입니다.

🎧 감정을 결정하는 요인 – 몸의 건강

> 제니퍼: 저는 스트레스 때문에 쇼핑에 빠진 거라고 생각했어요. 선생님은 우울증의 원인이 환경이나 스트레스 때문은 아니라고 생각하시나요?

> A: 인간은 자신의 감정을 즐겁게 하는 상품과 서비스에 지갑을 엽니다. 인간에게 가장 중요한 요인은 행복이라는 감정이기 때문입니다.

감정은 물질적 풍요, 타인과의 관계, 사회적 성공 등으로 결정되는 것처럼 보입니다. 그러나 외부 요인이 감정에 끼치는 영향은 일시적입니다.

장기적인 관점에서 볼 때 감정은 신체 건강에 의해서 결정됩니다.

다음은 신체적 건강이 심리적인 문제와 밀접한 관련이 있다는 사실을 증명하는 논문들입니다.

- The Relationship between Depression Symptoms and Physical Activity in Children with Idiopathic Ventricular Extrasystoles
  Author: Rita Kunigeliene, Odeta Kinciniene, Vytautas Usonis and Sigita Lesinskiene
  URL: https://www.mdpi.com/1648-9144/60/2/213

- Relationships between Depression, Daily Physical Activity, Physical Fitness, and Daytime Sleepiness among Japanese University Students
  Author: Hideki Shimamoto, Masataka Suwa and Koh Mizuno
  URL: https://www.mdpi.com/1660-4601/18/15/8036

🎧 주변 환경과 감정

> 제니퍼: 저는 이제까지 감정은 환경에 의해서 결정된다고 생각했어요.

> A: 어린 시기에 지속적인 학대를 받으면 뇌가 성장을 멈추게 됩니다. 그 결과로 지능이 한쪽으로만 치우쳐서 발달하거나 감정조절 능력이 부족해집니다. 어린 시절의 불우한 환경이 평생의 우울증을 만드는 것입니다.

스케몬 성장 곡선에 따르면 인간의 뇌는 14세까지 성장합니다.

성인이 된 이후의 스트레스는 번아웃 혹은 일시적인 우울 증상을 가져올 수 있지만, 우울증으로 발전하는 경우는 많지 않습니다. 환경이 좋아지면 감정도 안정되기 때문입니다.

환경으로 인해서 성인에게 우울증이 생겼다면 그 이전부터 우울증이 있었으나 증상이 나타나지 않아서 본인도 몰랐을 가능성이 높습니다.

성장이 끝난 성인이 외부 요인으로 인해서 우울증이 생기는 기간은 청소년들 보다 오래 걸립니다.

> 제니퍼: 감정과 환경이 별개라고 생각하시는 이유를 좀 더 구체적으로 설명해 주실 수 있나요?

> A: 감정과 환경이 별개인 예시를 살펴봅시다.

(1) 우울증

우울증 환자는 특별한 일 없이 잘 지내도 늘 공허하고 기분이 우울합니다. 외부 환경에 문제가 없어도 우울증 환자는 부정적인 감정을 느끼는 것입니다.

(2) PTSD (외상 후 스트레스 장애)

　PTSD가 있으면 현재 아무런 문제가 없는데도 두려움을 느낍니다. PTSD의 원인도 우울증입니다.
　사람이 떠올리는 과거의 기억은 현재의 감정 상태에 영향을 받습니다.

　지금 내가 기분이 좋으면 행복했던 과거의 순간이 기억나고, 지금 내가 기분이 우울하면 불행했던 과거의 추억이 되살아나는 것입니다. 트라우마(고통스러운 경험)가 있더라도 우울증이 치료되면 PTSD는 저절로 사라집니다.

(3) ADHD (집중력 장애)

　몸이 불편하면 늘 우울하고, 짜증이 나기 때문에 고통을 잊기 위해서 사람은 끊임없이 딴 생각을 합니다. 생각이 많기 때문에 집중력이 떨어지는 것입니다.
　집중력 장애의 진행 순서는 다음과 같습니다.
　신체적 문제 => 우울증 => 잡생각 => 집중력 장애

(4) 결벽증 & 강박증

　우울증 환자는 자신이 우울한 원인이 외부에 있다고 착각하기 때문에 스스로 행동에 제약을 둡니다. 건강이 안 좋아지면 늘 불안하고 건강에 대한 걱정이 따라다닙니다.

　인간은 습관의 동물입니다. 건강에 관심은 생겼지만 의학 지식이 부족하면 자신이 알고 있는 지식 범위 안에서 문제를 해결하려는 경향이 강합니다. 이런 경우에 파스퇴르의 세균설을 맹신하는 사람은 소독제와 항생제만으로 문제를 해결하려는 경향이 있습니다. 그 결과 이로운 세균도 모두 죽여서 건강은 더 안 좋아지게 됩니다.

> 제니퍼: 지난번에는 행복하려면 중독에서 벗어나야 한다고 말씀하시지 않았나요?

> A: 물론 불안한 이유가 우울증 때문이 아닐 수도 있습니다. 불안장애, 강박증, 피해망상 등의 원인이 중독으로 인한 금단증상일 수도 있습니다.

 심리적 문제의 원인이 우울증인지 금단증상인지는 중요하지 않습니다. 두 가지 모두 증상도 같고 원인도 같기 때문입니다.

🔑 우울증의 원인 – 신체 건강

> 제니퍼: 저는 아직까지 우울증의 원인이 건강 문제 때문이라는 말씀이 잘 이해가 안 되네요.

> A: 문제를 해결하려면 근본적인 원인을 찾아야 합니다. 우울증도 마찬가지입니다. 우울증이 치료되는 예시들을 살펴보면 그 원인을 알 수 있습니다. 다음은 의사들이 우울증 환자에게 추천하는 방법들입니다.

- 날씨가 좋을 때 일광욕

- 운동

- 충분한 수면

- 균형 잡힌 식단

- 금주

이 모두가 우울증에 효과가 있으며, 이 모두가 몸의 건강과 밀접한 관련이 있습니다.

몸이 건강해지면 우울증은 저절로 좋아집니다.
우울증을 치료해야 모든 중독에서 해방될 수 있습니다.
결국 몸이 건강해야 진정한 행복을 얻을 수 있는 것입니다.

게다가 건강은 이전의 3가지 열쇠에 긍정적인 영향을 줍니다.

📖 쉬어가는 페이지

버나드 쇼의 일화

(1) 버나드 쇼의 희곡 「캔디다」가 뉴욕에서 공연되었을 때, 그는 여주인공으로 등장하는 여배우 코넬리아 스키너에게 전보를 보냈습니다.
"놀라운 솜씨, 타의 추종 불허."

이 굉장한 찬사에 상기된 스키너는 전신으로 바로 회전을 보냈습니다.
"칭찬받을 자격 없음."

그랬더니 쇼가 다시 전보를 보냈습니다.
"내가 말한 것은 작품임."

다음은 이에 대한 미스 스키너의 회신입니다.
"나도 그랬음."

(2) 처칠이 제1차세계대전 중, 정부로부터 파면을 당하여 누구나 그의 정치적 생명이 끝장난 것으로 생각하고 있을 때였습니다.
이때 쇼로부터 자신의 최신 작품의 첫 공연 초대권이 배달되어 왔습니다. 함께 전달된 쇼의 서신에는 이렇게 적혀 있었습니다.
"초대권 두 장을 보내드립니다. 한 장은 귀하를 위하여, 그리고 또 한 장은 만일 아직도 당신에게 친구가 있다면 그분을 위해서입니다."

처칠은 당장 그 초대권을 돌려보냈습니다.

"매우 유감이오나 귀하의 초연에는 참석할 수가 없습니다. 만일 2회째 공연이 있다면, 그때 다시 두 장의 초대권을 보내주십시오."

(3) 한 신문 기자가 쇼에게 이런 질문을 했습니다.
"낙천주의자와 염세주의자의 차이는 무엇일까요?"

그러자 쇼가 이렇게 대답했습니다.
"간단하지. 술병에 술이 반쯤 남아 있다고 하자. 그것을 보고 '됐다. 아직 반이나 남았다'고 하면서 기뻐하는 것이 낙천주의자, '아차 이제 반밖에 안 남았다'고 탄식하는 것이 염세주의자이지."

🔑 영원한 행복으로 가는 네 번째 열쇠 – 건강

> 제니퍼: 중독에서 벗어나기 위해서(3번째 열쇠) 건강이 중요하다고 하셨는데요, 그렇다면 건강이 생존 비용(1번째 열쇠)이나 좋아하는 일(2번째 열쇠)과도 관련이 있을까요?

> A: 네, 건강은 이전의 모든 열쇠와 관련이 있습니다. 영원한 행복을 위한 마지막 네 번째 열쇠는 '신체 건강'입니다.

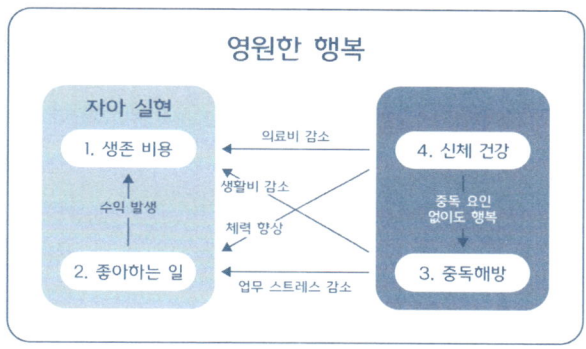

 몸이 건강하면 병과 함께 우울증도 사라집니다. 우울증이 없으면 중독 요인에 의존하지 않아도 행복을 느낄 수 있습니다. 따라서 4번째 열쇠인 건강은 나머지 3가지 열쇠에 긍정적인 영향을 끼칩니다.

① 몸이 건강하면 우울증이 사라져서 중독으로부터 해방될 수 있고, (3번째 열쇠: 중독 해방)
② 왕성한 체력으로 마음껏 하고 싶은 일을 할 수 있기 때문에 인생이 행복해지고, (2번째 열쇠: 좋아하는 일)
③ 중독에서 벗어나고 의료 비용도 줄어들기 때문에 돈을 위해 일을 많이 할 필요도 없습니다. (1번째 열쇠: 생존 비용)

📖 쉬어가는 페이지

세상에 이런 자살이

1994년 3월 23일, 미국 샌디애고에서 로널드 오퍼스라는 남자가 10층 빌딩 아래로 투신해서 자살했습니다. 기이하게도 그의 시체는 바닥에 떨어진 것이 아니라 8층에 쳐진 안전망에 걸쳐진 채로 발견되었습니다. 경찰에 의한 부검 결과 직접적인 사인은 머리를 관통한 라이플 총알이었습니다.

그가 자살하기 전에 라이플총으로 자신의 머리를 쏘고 떨어졌다면, 그 주변에 핏자국이나 흔적, 혹은 총이 남아 있어야 하는데, 그런 것은 전혀 발견되지 않았습니다.

9층에는 노부부가 세 들어 살고 있었는데, 그 부부가 심한 말다툼을 하다가 격분한 남편이 총을 들고 와 부인에게 총을 쏘았습니다. 총알은 부인을 빗겨나가, 정말 우연히 마침 그리로 떨어지던 오퍼스를 맞힌 것입니다.
그 노부부는 자신들은 항상 그 총에 총알을 넣어두지 않으며, 어떻게 그 총이 장전되어 있었는지 모르겠다고 주장했습니다.

경찰은 수사 끝에 그 노부부의 아들 중 한 명이 사건 6주 전 총알을 장전했다는 것을 밝혀냈습니다. 그 아들은 직장에서 해고되고 어머니로부터 금전적인 도움을 외면당하게 되자, 아버지의 습관(어머니를 향해 빈 총을 발사하는 습관)을 떠올리고 어머니를 살해하기 위해 몰래 총알을 집어넣은 것입니다.

그 아들은 총알을 장전한 지 6주가 지나도록 자신의 부모가 부부

싸움을 하지 않는 바람에, 자신의 어머니가 살해될 희망이 없어지자 결국 절망한 채로 10층에서 자살하기로 한 것입니다.

즉 다시 말하자면 그 아들이 바로 자살한 로널드 오퍼스였던 것입니다.
사건은 결국 오퍼스의 자살사로 종결되었습니다.

🔑 세 번째 열쇠 + 네 번째 열쇠 = 명상

Q: 행복하기 위해서 우울증을 치료해야 한다고 하셨었죠? 우울증이 치료되면 중독에서 벗어나는 이유에 대해서 설명해 주시겠어요?

A: 의사들은 번아웃을 위한 가장 좋은 치료법으로 명상을 추천합니다. 영원한 행복을 위한 세 번째 열쇠(중독 해방)와 네 번째 열쇠(건강)의 최종 목적은 '명상'입니다. 건강은 명상의 원인이고, 중독 해방은 명상의 결과입니다.

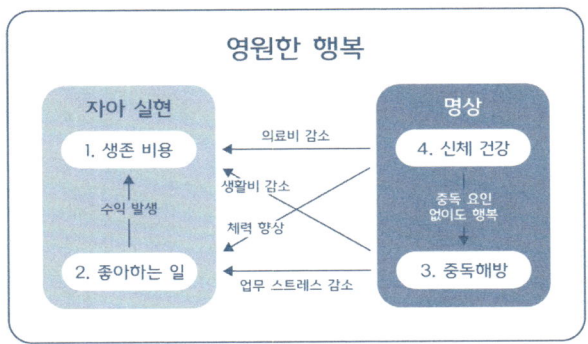

Q: 그 명상이란 무엇인가요?

A: 제가 정의하는 명상은 다음과 같습니다.
명상이란?: 그 무엇에도 의존하지 않고서 행복한 상태에 머무는 것입니다.

멍 때리는 것이 바로 명상인 것입니다. 파란 하늘을 쳐다보는 일광욕도 좋은 명상이 될 수 있습니다.

모든 의존 요인(향정신성 의약품, 물질, 사람, 여행, 등등)에서 멀어지고, 몸이 완벽하게 건강한 상태가 되면, 아무것도 하지 않아도 명상이 됩니다. 영원히 행복한 상태를 유지할 수 있는 것입니다.

🔓 명상의 주제

> Q: 선생님은 명상이 중요하다고 강조하셨는데요, 명상을 하는 동안 어떤 생각을 해야 할까요?

> A: 명상을 하는 동안 사람이 할 수 있는 일은 호흡과 생각뿐입니다. 아무런 생각을 하지 않더라도 가만히 있는 것만으로 행복하다면 굳이 생각을 하지 않아도 됩니다.
> 다만 상황에 따라서 생각이 실생활을 변화시킬 수도 있습니다. 제가 추천하는 명상의 주제는 다음과 같습니다.

(1) 현재 당신에게 번뇌 혹은 문제 거리가 있다면 그 원인과 해결방법을 고민하십시오. 인터넷, 스마트폰, SNS, OTT, 등등 쉽고 편하게 즐거움을 얻는 도구가 발명되면서 인간에게 지식은 늘었지만 오히려 지혜는 줄어들었습니다.

새로운 발견과 창의적인 아이디어는 오랜 시간의 경험과 고민을 통해서 탄생하게 됩니다. 하지만 안타깝게도 시간이 지날수록 인간은 쉽고 빠른 수단에 의존하다 보니 고민하는 시간이 줄어들었고, 결과적으로 인간은 가진 것은 많지만 제대로 활용하지 못하는 바보가 되어가고 있습니다.

실생활에 문제가 있다면 시간과 노력을 들여서 해결 방법을 고민하십시오. 그래야만 근본적인 문제가 해결되고 같은 문제가 되풀이되지 않습니다.

근본적인 문제를 해결하려면 정확한 문제의 원인을 찾아야 합니다. 해결되지 않는 문제가 있다면 더 깊숙이 파고들어서 문제의 원인을 찾아보십시오.

혹은 해결될 수 없는 문제가 있을 때 가장 근원적인 문제의 핵심을 찾게 된다면 분명 문제가 사라질 것입니다. 더 정확하게는 처음부터 문제는 존재하지 않았다는 진리를 깨닫게 됩니다. 그후에는 그와 유사한 문제에서 자유로워 집니다. 영원히.

(2) 현재 당신에게 아무런 문제 거리가 없다면 아무런 생각도 할 필요가 없습니다. 그저 이 상태를 즐기면 됩니다. 당신은 이제까지 수많은 시련과 고난을 혼자 힘으로 극복해왔고 그 덕분에 지금의 평화를 이룩했습니다. 스스로에게 자부심을 느끼면서 이 평화를 맘껏 누리시면 됩니다.
당신은 그럴 자격이 있습니다.

(3) 현재 당신에게 아무런 문제 거리가 없는데도 명상을 할 때 행복하지 않다면 신체 어딘가에 문제가 있다는 의미입니다. 이런 경우에는 즐거운 상상을 해보십시오. 과거에 행복했던 순간을 추억하거나, 미래에 당신의 꿈이 이루어지는 상상을 하면 명상을 통해서 그 상황을 체험할 수 있습니다.

> Q: 행복한 상상을 할 때는 행복하지만 명상이 끝나면 상상이 현실이 아니라서 허무하게 느껴집니다.

> A: 신경 쓸 필요 없습니다. 현실의 상황도 시간이 지나면 사라지기 마련입니다. 좋은 일도 안 좋은 일도 모두 추억이 됩니다. 상상은 빨리 사라지고, 현실은 좀 더 시간이 걸리는 차이가 있을뿐입니다.

이 또한 지나가리라.
〈출처: 다윗 왕의 반지〉

🔒 명상이 가능한지를 판단하는 방법

> Q: 중독에서 벗어나려면 몸이 건강해야 한다고 지난번에 말씀하셨으니까 결국 명상을 하려면 건강해야 한다는 의미로군요. 그렇다면 어느 정도로 건강해야 명상을 할 수 있을까요?

> A: 안타깝게도 모든 사람들이 명상이 가능한 것은 아닙니다. 자신이 명상을 할 수 있는 준비가 되었는지를 알 수 있는 간단한 방법이 있습니다.

① 날씨가 좋을 때 파란 하늘을 쳐다보십시오.
② 태양의 에너지가 눈을 통해서 몸으로 들어오고 저절로 기분이 좋아지면서 입꼬리가 위로 올라간다면,
③ 호흡이 편안하고, 오랫동안 행복한 감정이 계속된다면, 당신은 명상을 할 수 있는 준비가 된 것입니다.

그렇다면 계속 그 상태를 유지하고 즐기면 됩니다. 어떤 중독이나 금단 증상도 없고 돈, 시간, 혹은 노력이 필요하지도 않습니다. 명상으로 얻은 에너지로 즐겁게 일을 할 수도 있습니다.

자신이 좋아하는 일을 하면서 생활비를 벌고, 필요한 만큼만 일을 하며, 나머지 시간 동안 명상으로 쉬면서 에너지를 보충하면 언제나 행복한 상태를 유지할 수 있습니다.

만약 파란 하늘을 쳐다보고 있는 동안 불안하거나 우울하다면 당신에게 우울증이 있다는 의미입니다. 우울증은 넘어졌을 때 다리에 통증이 느껴지는 것과 같습니다.

우울증은 신체 어딘가에 문제가 있으니, 자신을 치료하라고 몸이 보내는 신호입니다.

📖 쉬어가는 페이지

자일리톨 껌의 원리

자일리톨 껌이 어떤 역할을 해서 충치를 예방하는지 아시나요?
우선 이야기를 듣기 전에 충치가 발생하는 원인을 먼저 알아야 합니다.
충치균은 당분을 먹고 소화를 해서 배설물로 산을 만들어 내고, 그 산이 이빨의 법랑질을 파괴하여 충치를 발병케 합니다.

자일리톨은 매우 단 성분을 함유하고 있지만 당분은 아닙니다.
그래서 자일리톨이 입안에 들어오면 충치균은 당분인 줄 알고 아주 열심히 자일리톨을 먹습니다.
근데 자일리톨은 당분이 아니므로 소화를 시키지 못하고 그대로 배출하게 됩니다.

더 큰 문제는 이렇게 배출된 자일리톨을 당분인 줄 알고 또 먹습니다. 이런 과정을 수백 번 거치다 보면 충치균은 영양분 부족으로 굶어 죽습니다.

즉, 충치균은 아사하는 것입니다. 그래서 자일리톨 껌을 씹는 것보다 더 좋은 방법은 당분을 먹지 않는 것입니다.

🔑 우울증에 효과가 있는 물리적 치료 – 사혈(습식 부항)

> Q: 저는 우울증을 치료하려고 명상을 했더니 기분이 좋아지는 것이 아니라 오히려 긴장되고 잡생각이 많아집니다. 어떻게 하면 우울증을 치료할 수 있을까요?

> A: 명상보다 적극적인 우울증 치료방법 한 가지를 소개해 드리겠습니다. 우울증 환자들의 공통점 중 하나는 가슴 아래 명치를 눌렀을 때 극심한 통증을 느낀다는 것입니다.

우울증 환자가 항상 느끼는 우울감과 불안감의 가장 큰 원인은 바로 명치에 쌓인 혈전 때문입니다.

다음은 이유를 모르는 신체적 통증의 원인들입니다.

- 스트레스가 장시간 지속되거나,
- 당뇨 혹은 고혈압이 있거나,
- 가공식품을 많이 먹거나,
- 혈액순환이 방해를 받으면
- 혈전이 혈관에 쌓여서 혈액순환을 방해합니다.

인체의 혈관 중에서 혈전이 많이 쌓이는 부위가 몇 군데 있습니다. 신장, 간, 그리고 명치입니다.

우울증 환자의 명치에서 혈전을 완전히 제거해 보십시오. 그러면 우울증이 크게 호전됩니다.

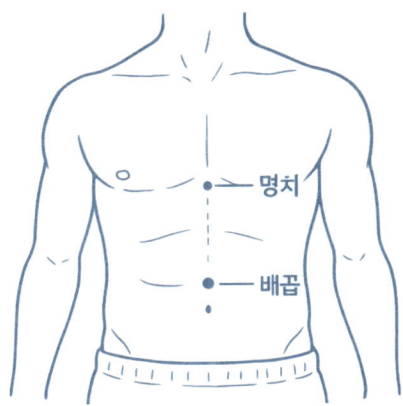

혈전을 제거하는 방법은 혈전용해제와 사혈(습식 부항) 등이 있습니다. 여기서 말하는 사혈은 혈당 체크에 사용하는 사혈 기구와 부항을 함께 사용해서 혈전을 몸 밖으로 뽑아내는 방법을 의미합니다.

사혈은 동양과 서양 모두 오래전부터 시행되었습니다. 『위험한 관계』(1988)라는 영화에는 중세시대 때 시행되었던 사혈 장면이 나옵니다. 오늘날의 사혈 방법과 큰 차이가 없습니다.

아래는 사혈 치료가 심리적 질병에 효과가 있다는 것을 입증하는 도서입니다.

> Title: Bloodletting Instruments in the National Museum of History and Technology
> Athor: Audrey Davis and Toby Appel
> URL: https://repository.si.edu/handle/10088/2440

신체의 건강이 회복되면 우울증도 자연히 치료됩니다. 그것은 우울증이 몸의 병이라는 것을 의미합니다. 금단증상도 마찬가지입니다.

사혈 방법

Q: 사혈 기구와 부항을 구체적으로 어떻게 사용하는 것인지 자세히 설명해 주실 수 있을까요?

A: 구체적인 사혈 방법은 다음과 같습니다.

(1) 손가락으로 가슴 아래 명치 부위를 눌러서 가장 아픈 부위를 찾습니다.

(2) 가장 아픈 부위에 사인펜으로 동전 크기의 동그라미를 표시합니다.

(3) 명치에 부항을 붙이고 압축기로 공기를 뽑아냅니다. 1~2분 후에 부항을 제거합니다.

(4) 사혈 기구로 동그라미 안에 20~30회 구멍을 뚫습니다.

(5) 부항으로 압력을 걸어서 피를 뽑습니다.

(6) 더 이상 피가 나오지 않으면 부항을 제거합니다. 시술 부위에 솜으로 피를 닦고, 알코올을 솜에 묻혀서 한 번 더 닦아줍니다.
생혈은 솜에 흡수됩니다. 솜에 흡수되지 않고 뭉쳐있는 빨간 덩어리는 혈전입니다.

(7) 4번부터 6번까지 과정을 3~6회 반복합니다. 하루에 뽑는 전체 피의 양은 50ml(계란 한 개)를 넘지 않도록 합니다.

(8) 컨디션 상태에 따라서 10~15일마다 같은 자리에 사혈을 반복합니다.

(9) 더 이상 혈전은 나오지 않고 생혈만 잘 나오면 치료가 완료된 것으로 판단하고 사혈을 중단합니다.

🔒 건강을 회복하는 생활습관

> Q: 행복을 위해서 우울증을 치료해야 하고, 우울증은 신체 건강 문제라고 하셨는데요, 건강을 위해서 생활습관을 어떻게 바꿔야 할까요?

> A: 돈 들이지 않고, 최소한의 노력으로 건강을 회복하는 방법 몇 가지를 소개해 드리겠습니다.

- 물은 식사 후 2시간에서 4시간 사이에 섭취합니다.

- 신선하고 균형 잡힌 식단
  추천 음식: 곡식, 신선한 채소, 발효식품, 감자, 고구마, 구운 소금.
  먹어도 되는 음식: 올리브오일, 아보카도오일, 콩, 견과류, 생선, 계란, 치즈, 버터.

- 해로운 음식은 삼가
  안 좋은 음식: 가공식품, 설탕, 인공 첨가물, 기름에 튀긴 음식, 성장촉진제 & 항생제로 키운 가축의 고기, 농약 혹은 독이 있거나 유전자 변형된 농작물, 우유.

- 사혈로 혈전을 제거

- 가벼운 운동
  하루 20~30분 동안 걷기와 가벼운 조깅을 반복합니다.

- 충분한 수면
  10시 이전에 취침하세요. 7시간 이상의 수면이 좋아요.

- 명상으로 에너지를 모으세요.

🔒 거꾸로 돌아보는 4개의 열쇠

> Q: 행복을 위한 4개의 열쇠 중에서 건강이 가장 중요하다고 하셨는데요, 그 이유가 무엇 때문인가요?

> A: 마지막 열쇠 '건강'을 출발점으로 해서 전체 순서를 거꾸로 되짚어 봅시다.

① 몸이 건강하면 (4번째 열쇠)
② 저절로 명상이 되고, (명상)
③ 명상이 되면 기분이 좋아지고, (행복)
④ 기분이 좋아지면 각종 중독에서 벗어날 수 있습니다. (3번째 열쇠)
⑤ 모든 중독에서 벗어나면 많은 돈이 필요치 않습니다. 자신이 좋아하는 일만 하고 살아도 생존에 충분한 돈을 벌 수 있습니다. (2번째 열쇠)
⑥ 좋아하는 일을 하면 인생이 즐거워지고, (자아실현)
⑦ 생존 비용은 자연히 따라오게 됩니다. (1번째 열쇠)

그렇기 때문에 건강이 가장 중요한 행복의 열쇠입니다.

📖 쉬어가는 페이지

술의 효과

한 선생님이 학생들에게 술을 마시는 것이 얼마나 나쁜지를 가르쳐 주기 위해서 실험을 했습니다.
선생님은 두 개의 유리 시험관을 준비했습니다.
한 개의 시험관에는 물을 넣었고 다른 한 개의 시험관에는 도수 높은 양주를 넣었습니다.
그리고 각각의 시험관에 살아있는 지렁이를 한 마리씩을 넣었습니다.

물에 넣은 지렁이는 살아서 꿈틀거렸습니다.
술에 넣은 지렁이는 몸부림치더니 금방 녹아버리고 말았습니다.

선생님이 학생들에게 물었습니다.
"학생 여러분, 지렁이가 녹아 없어지는 것을 보고 무엇을 느꼈나요?"

선생님의 물음에 한 학생이 씩씩하게 대답했습니다.
"술을 많이 마시면 몸속의 기생충이 싹 녹아버립니다."

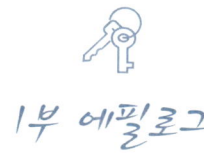

1부 에필로그

🔑 '영원한 행복으로 가는 4개의 열쇠' 핵심 정리

(1) 첫 번째 열쇠: 생존 비용
   인간이 생존하기 위해서는 최소한의 생존 비용이 필요합니다. 생존을 위한 돈이 부족하면 생존에 위협을 받고, 그러면 행복할 수 없습니다.

(2) 생존을 위해서 돈은 꼭 필요하지만, 돈을 벌기 위해서 하기 싫은 일을 하면 스트레스가 쌓이고 불행해집니다. 일을 하는 목적은 행복이지만, 그 반대 결과를 가져오게 됩니다.

(3) 두 번째 열쇠: 좋아하는 직업
   자신이 좋아하는 일만 하면 많은 돈을 벌지는 못하지만, 생존에 필요한 돈을 벌 수 있고 스트레스가 누적되지 않습니다.

(4) 첫 번째 열쇠(생존 비용) + 두 번째 열쇠(좋아하는 일) = 자아실현
   자아실현을 통해서 인간이 살아가는 목적과 인생의 기쁨을 발견할 수 있습니다. 평생 동안 행복하게 살 수 있는 것입니다.

(5) 외부 의존 요인(향정신성 의약품, 물질, 사람, 여행)에서 행복을 찾으면 그 요인에 중독되고 금단증상이 찾아옵니다. 아무것도 하지 않을 때

우울하고, 시간이 지날수록 더 강한 자극이 필요합니다.

게다가 과소비로 인해 더 많은 돈이 필요하기 때문에 하기 싫은 일을 더 많이 해야 합니다. 결과적으로 행복해지기 위해서 스트레스가 더 심해지는 딜레마에 빠지게 됩니다.

(6) 세 번째 열쇠: 중독 해방

모든 외부 의존 요인에서 해방되면 항상 행복한 상태를 유지할 수 있으며, 경제적인 문제도 저절로 해결됩니다.

(7) 외부 의존 요인을 멀리하는데도 계속 불안하다면 그것은 우울증이 있다는 의미입니다. 금단증상과 우울증의 원인은 같습니다. 그것은 몸의 건강 문제입니다.

(8) 네 번째 열쇠: 신체 건강

신체가 완벽하게 건강해지면 우울증이 치료되고, 그 어떤 대상에 의존하지 않아도 늘 행복합니다. 저절로 중독에서 해방되는 것입니다. (3번째 열쇠)

몸이 건강하면 체력이 향상되고, 자아실현의 욕구가 솟아납니다. 좋아하는 일(2번째 열쇠)을 맘껏 즐길 수 있으니 인생이 행복해집니다. 하고 싶은 일을 하면 돈은 저절로 따라오고, 인생이 행복하기 때문에 많은 돈이 필요하지 않습니다. (1번째 열쇠)

(9) 세 번째 열쇠(중독 해방) + 네 번째 열쇠(건강) = 명상

명상은 아무것도 하지 않을 때, 그 어떤 것에도 의지하지 않을 때 행복한 상태를 유지하는 것입니다. 명상이 되면 영원한 행복을 얻을 수 있습니다.

(10) 몸이 완전히 건강해지고, 명상이 잘 되는 단계에 도달하면, 당신도 성현들(예수, 부처, 공자, 소크라테스)과 같은 사람이 된 것입니다. 성현들이 보통 사람들과 다른 점은 2가지뿐이었습니다.

- 신체가 건강했으며,
- 남들이 알지 못하는 인생의 법칙 몇 가지를 더 알고 있었습니다. (여기에 대해서는 이 책 후반부에서 설명드리겠습니다.)

인간은 아주 복잡한 동물입니다. 그래서 살아가면서 아주 많은 것들을 필요로 합니다. 그중에서 가장 중요한 것 4가지를 정리해 보았습니다.

영원한 행복으로 가는 4개의 열쇠:
- 생존 비용
- 좋아하는 일
- 중독 해방
- 신체 건강

4가지를 모두 기억하기 어렵다면 2가지 목표만 기억합시다.
영원한 행복을 위한 2가지 목표:
- 자아실현
- 명상

2가지도 기억하기 어렵다면 단 한 가지만 기억하기 바랍니다.
어떤 경우에도, 그 어떤 상황에도 가장 중요한 행복의 열쇠는 '건강'입니다.

건강 문제만 해결되면 다른 문제들(생존 비용, 좋아하는 일, 중독 해방)은 저절로 해결될 것입니다. 만약 몸에 문제가 없는데도 다른 문제들이 오랫동안 해결되지 않는다면 그것은 아직 완벽하게 건강하지 않다는 의미입니다.

🎧 우리 인생은 말이죠 – 신해철

저는 '왜 사는가'라는 질문에 대답하고 싶어서 철학과를 진학했습니다.
'왜 사는가?'라는 질문에 대답을 포기하고 그냥 잊고 사는 게 훨씬 더 편하다. 이런 것만 배웠습니다.
이제서야 이 질문에 자신 있게 대답할 수 있게 된 것 같아요.

우린 왜 사는가 하면, 그 대답은 '행복해지기 위해서'라는 겁니다.

우리가 찾고 있는 그 행복은 남들이 '우와' 하고 바라보는 그런 빛나는 장미 한 송이가 딱 있어서가 아니라,
수북하게 모여 있는 안개 꽃다발 같아서 우리 주변에 숨어 있는 조그만 한 송이를 소중하게 관찰하고 주워 모아 꽃다발을 만들었을 때 그 실체가 보이기 시작합니다.

인생이 여행이라고 치면, 그 여행의 목적이 목적지에 도착하는 게 아니라 창밖도 좀 보고, 옆 사람과 즐겁게 얘기 나누고, 그런 과정이라는 걸 예전엔 왜 몰랐을까요.

'미래를 위해 현재를 반납해라.
인생은 잘 나가는 게 장땡이고
남들이 부러워해야 성공이다.'
이런 논리들을 우리는 분명히 거절했었습니다.

여러분들이 그 안개 꽃다발 행복을 들고 있는 이상 누구도 여러분들을 패배자라고 부르지 못할 겁니다.

기억하세요.

행복은 '빛나는 장미 한 송이'가 아니라, '수북하게 모여 있는 안개 꽃다발'이라는 것을.

〈출처: 신해철 라디오 방송 마지막 클로징 멘트〉

🔑 1부 맺음말

저는 살아온 기간의 절반 이상 건강이 안 좋았고, 밤늦게까지 일했으며, 늘 외로움과 싸웠습니다.

나 자신의 문제를 해결하기 위해서 수많은 시도와 무수히 많은 시행착오를 겪었습니다. 그리고 나이 50이 되어서 마침내 인생의 답을 찾았습니다.

이 책의 내용은 제 머릿속에서 나온 이론이 아닙니다. '내가 이렇게 했더니 나의 모든 문제들이 해결되더라'라는 체험담입니다.

물론 제가 찾은 해답이 여러분에게 정답이 아닐 수도 있습니다. 그렇다 하더라도 실망할 필요는 없습니다.

구하라. 그리하면 너희에게 주실 것이요. 찾으라 그리하면 찾아낼 것이요. 문을 두드려라. 그리하면 열릴 것이니.
〈출처: 마태복음 7장 7-8절〉

신은 인간에게 필요한 모든 것을 미리 예비해 두셨습니다. 내가 기도하면 신이 주시는 것은 아닙니다. 이미 내 손이 닿는 곳에 신은 정답을 가져다 놓으셨습니다.

세상에는 수도 없이 많은 다이어트 방법들이 존재합니다. 한두 가지면 충분한데도 그렇게 많은 방법들이 존재하는 이유는 사람마다 정답이 다르기 때문입니다.

세상 모든 문제도 다이어트와 같습니다. 내가 할 일은 수많은 답들 중에서 나에게 가장 좋은 답을 고르는 것입니다. 제가 제시하는 해답이 맘에 들지 않는다면 당신도 제가 했던 것처럼 하시면 됩니다. 당신에게 꼭 맞는 정답을 발견할 때까지 계속 찾으십시오.

핵심만 정리하느라 자세히 설명하지 못한 부분도 있으리라 생각됩니다. 기회가 된다면 실제 예시를 들어서 각각의 열쇠가 인생에서 어떻게 작용하는지, 또한 어떻게 하면 돈 들이지 않고 최소한의 노력으로 자신의 건강을 회복하고 유지할 수 있는지에 대해서 자세히 설명할 기회가 있기를 바랍니다.

감사합니다.

2024년 10월 7일 정동근

제2부

나는 사랑을 주려고 연애를 하는가

2부 프롤로그

　인생을 살다 보면 수많은 시련에 직면하기 마련입니다. 하지만 학교는 인생에서 꼭 필요한 지식은 가르쳐 주지 않습니다. 안타깝게도.
　본인도 젊은 시절 멘토가 없었기에 수많은 실패를 통해서 인생을 배워야만 했습니다. 50살이 되는 시점에서 제가 살아오면서 얻은 인생 노하우를 세상 모든 사람들과 공유하기로 마음 먹었습니다.

　때때로 우리는 선택의 기로에 서게 됩니다. 중요한 결정을 할 때 사람들이 흔히 간과하는 진실이 있습니다.

- 결정은 '무엇을 얻을 것인가?' 보다는 '무엇을 포기할 것인가?'를 선택하는 과정입니다.

- 지금 이 순간 나에게 가장 중요한 것 한 가지에만 집중하고 나머지는 나중으로 미뤄야 합니다.

　많은 사람들이 중요한 결정의 순간에 사소한 것들에 집착하다가 정작 소중한 것을 놓치곤 합니다. 눈앞의 이익을 더 중요하게 생각하는 바람에 남은 평생을 후회로 채우는 경우도 있습니다.

　이 책은 여러분들에게 무엇이 중요한지, 어떻게 해야 나중에 후회하지 않느지를 판단하는 지혜를 전해주기 위해서 쓰였습니다.

　제가 이 책을 쓴 이유는 당신의 지친 마음을 위로하기 위해서가 아닙니다. 당신이 스스로 인생을 개척해 나갈 수 있도록 현실적인 이정표를 제시하기 위해서 집필했습니다.

　본인은 젊었을 때 정신세계 관련 서적을 많이 읽었으나, 큰 도움은 되지 않았습니다. 이유는 그 책들의 내용이 틀렸기 때문이 아니라 그 당시 제 건강이 좋지 않았기 때문이었습니다. 건강이 받쳐주지 않으면 아무리 좋은 지혜와 고귀한 철학도 뜬구름 잡는 이야기에 불과했습니다.

　건강이 여러분의 발목을 잡는다면 이 책을 보기 전에 지금 당장 건강에 전념하기 바랍니다. 저도 과거에 건강이 매우 안 좋았었고 혼자서 의학 공부를 해서 제 병을 치료했었습니다. 노력은 배신하지 않았고, 하나님은 제가 요청하기도 전에 모든 답을 세상에 예비해 두셨습니다. 이 책 시리즈 2권에 해당하는 『자가치유 건강법』에는 제가 20년 넘게 연구한 의학 지식이 담겨 있습니다.

　여러분의 건강에 큰 문제가 없다면 제 인생의 교훈을 경청해 보시기 바랍니다. 이 책은 세상이라는 망망대해를 헤쳐 나가는 그대에게 등대가 되어 주리라 믿어 의심치 않는 바입니다.

　2025년 1월 15일 정동근

생존 비용

🔑 생존 비용이라는 자유

> Q: 함께 사는 가족들이 저를 힘들게 합니다. 어떻게 해야 할까요?

> A: 행복한 인생을 위해서 생존 비용은 반드시 필요한 요소이고, 그렇기 때문에 직업은 매우 중요한 행복의 조건입니다.

필자가 상담을 진행하다 보면 아주 많은 사람들이 대인관계, 특히 함께 사는 가족으로 인해서 고통받고 있었습니다.

자신과 맞지 않는 사람을 떠나면 쉽게 해결되겠지만, 그렇게 하지 못하는 이유 중 가장 중요한 원인은 경제력이었습니다. 본인 스스로를 책임질 경제력이 없으면 힘든 관계를 감내하고 상대방에게 의지하면서 살아야 합니다.

함께하기 싫은 사람과 한집에 사는 인생은 매일 매일이 지옥이라는 의미입니다.

직업이 있으면 스트레스가 있지만, 직업이 없으면 지옥을 감내해야 합니다.

🎧 풍요 속의 빈곤

> Q: 한국의 자살률은 세계 1위를 꾸준히 유지하고 있습니다. 한국인들은 그 이유를 "경제적으로 힘들기 때문이다"라고 말합니다.

> A: 제가 어렸을 때는 대부분의 한국인들이 경제적으로 어려웠습니다. 하지만 지금은 해당되지 않는 얘기입니다.
> 제가 어렸을 때는 한 번도 가족 여행을 못 갔습니다. 방학 때 친척 집에 놀러 가는 것이 여행의 전부였습니다. 그 당시에도 해외여행을 가는 한국인들이 있기는 했지만 재벌이나 일부 고위공무원들에 한정되었습니다.

　2024년 일본을 방문한 한국인의 숫자는 882만 명입니다. 같은 해 한국을 방문한 일본인의 숫자는 322만 명입니다. 한국의 인구수는 5천만 명이고, 일본은 그 2배가 넘습니다. 그렇다면 한국인들은 일본을 좋아하는데, 일본인들은 한국을 싫어하는 걸까요?

　그런 것은 아닙니다. 해외여행을 다녀온 한국인들 중에서 25%가 일본을 방문했고, 역시 해외여행을 다녀온 일본인들 중에서 25%가 한국을 방문했습니다. 결론은 한국인들은 해외여행을 많이 가고, 일본인들은 해외여행을 적게 갑니다.

　2024년 3대 명품브랜드(에르메스, 루이비통, 샤넬)가 한국에서 거둔 1년 매출은 4.5조 원입니다. 제가 어렸을 때는 명품을 구입할 여유가 있는 사람이 매우 적었습니다.

　현재의 한국인들은 물질적으로 풍요롭게 산다는 증거입니다. 돈은 행복에 꼭 필요한 아주 중요한 요인이지만, 생존에 필요한 정도만 있으면 충분합니다. 한국인들의 자살률이 높은 이유는 업무 스트레스와 우울증 때문이며, 우울증은 마음이 아니라 몸의 병입니다.

🔒 자녀가 있는 경우에 경제적 문제

> Q: 자녀의 미래를 위해서 공부를 많이 시키고 싶지만 돈이 많이 드네요. 그래서 스트레스가 심한 일을 계속하고 있습니다. 더 좋은 방법이 있을까요?

> A: 혼자 지내면 하고 싶은 일만 하면서 적은 돈을 벌어도 사는데 지장이 없습니다. 하지만 자녀가 있다면 냉정한 현실을 마주하게 됩니다. 식비, 옷, 장난감, 교육비, 의료비, 통신비, 주거비, 등등 자녀에게 들어가는 돈은 끝이 없습니다.

자녀의 미래를 위해서 부모는 많은 것들을 희생해야 합니다. 부모의 행복을 포기하지 않으면서 자식을 훌륭하게 키울 수 있는 방법을 몇 가지 소개하겠습니다.

(1) 자녀에게도 '4개의 열쇠' 법칙을 따르게 합시다. 현실적으로 육아에 가장 큰 지출은 교육비입니다. 학생이 하고 싶어 하는 일이 있다면, 그리고 부모가 그 직업을 허락한다면, 누가 시키지 않아도 본인 스스로 찾아서 공부하기 마련입니다.

자녀가 즐겁게 할 수 있으면서 직업과 연관이 있는 취미를 찾는 것도 중요합니다. 그리고 그 일과 관련된 공부를 스스로 찾아서 하도록 유도하십시오. 그러면 교육비는 현저히 줄어듭니다.

(2) 만약 자녀가 하고 싶은 일이 무엇인지 모른다면, 건강에 포커스를 맞추면 됩니다. 몸이 약하면 마음도 따라서 약해지고 매사에 의욕이 없습니다. 몸이 건강하면 자연히 자아실현의 욕구가 생겨날 것입니다.

(3) 학생이 아르바이트를 해서 학비를 벌던가, 공부를 열심히 해서 학교를 일찍 졸업하거나, 장학금을 받으면 학비가 절약됩니다.

(4) 학생이 의사 혹은 법률가처럼 교육비가 많이 필요한 직업을 희망하는 경우에는 은행 대출에 의존하는 방법이 있습니다. 미국 대통령 오바마는 은행 대출로 학비를 지불했고, 졸업 후 대출을 모두 갚는데 13년이 걸렸습니다.

> Q: AI가 발전하면 실업자들이 많아진다고 하던데 해결 방법이 있을까요?

> A: 다음 세대의 생존을 위한 사회적 개혁안을 한가지 제시합니다.
> 4차 산업혁명은 많은 노동자들의 일자리를 빼앗아갈 것입니다. 인간의 신체 노동뿐만 아니라 정신노동까지 로봇이 대신하기 때문입니다. 새로 생겨나는 직업은 적은데 반해서, 사라지는 직업은 많아질 것입니다.

많은 학자들은 AI기업에 세금을 부과해서 실업자들을 부양해야 한다고 주장합니다. 하지만 AI로 생산된 제품을 구매할 사람들이 없다면 기업은 누구에게 제품을 팔 것이며, 누가 세금을 낼 수 있단 말입니까?

자동화 기술로 인해서 생겨나는 문제는 자동화 기술로 해결하면 됩니다. 생필품을 생산하는 전 과정을 로봇이 처리하면 생산비용이 대폭 줄어들게 됩니다. 의식주, 교육, 의료, 생필품 분야의 제품과 서비스를 모두 AI로 생산 & 제공한다면 기업이 내는 세금만으로도 국민들을 부양할 수 있습니다.

🎧 지혜를 가르치는 방법

> Q: 자녀에게 지혜를 가르치고 싶은데 어떻게 해야 할까요?

> A: 지식은 가르칠 수 있지만, 지혜는 가르칠 수 없습니다. 지혜를 가르치는 순간 그것도 하나의 지식이 되어버리기 때문입니다. 지식은 외부에서 주입하는 정보이고, 지혜는 학생 스스로 만들어 내는 창작물입니다.

지혜를 만드는 재료는 다음 3가지입니다.
- 지식
- 경험
- 생각

종이비행기를 예로 들어봅시다.

(1) 먼저 학생이 종이비행기 설계도를 공부합니다. (지식)

(2) 설계도대로 종이를 접어서 비행기를 만듭니다. (경험)

(3) 예상대로 되지 않았다면 그 원인을 고민합니다. 예상대로 잘 되었다면 더 개선할 수 있는 방법을 고민합니다. (생각)

(4) 그리고 다른 종이비행기 설계도를 보고 위 과정을 반복합니다.

지혜를 만드는 재료 중에서 가장 중요한 요인은 경험입니다. 지식이 없어도 경험을 많이 하면 스스로 지식을 축적할 수 있습니다. 다만 지식이 많으면 시행착오를 줄일 수 있습니다.

경험이 없는 상태에서 생각만으로는 답을 찾을 수 없습니다. 경험이 지혜로 바꾸려면 생각을 정리하고 법칙을 찾는 시간을 가져야 합니다. 그렇기 때문에 생각하는 시간을 충분히 가지는 것도 중요합니다.

　인간은 자신이 경험한 것만 현실에 적용할 수 있습니다. 지혜는 학생 스스로 경험을 통해서 얻는 교훈입니다. 지혜를 가르칠 수 있는 유일한 방법은 학생 스스로 경험할 수 있도록 이끌어주는 것뿐입니다.
　학생이 가장 빨리 성장하는 방법은 실수를 많이 하는 것이기 때문입니다.

　지혜는 실수의 자식이요, 실수는 경험의 자식입니다.

　지식을 가르치는 사람은 교사이고, 지혜를 얻는 과정으로 인도하는 사람은 멘토입니다.

좋아하는 직업

🔓 흙수저가 성공하는 방법

> Q: 저는 소박한 인생에 만족하지 않고 사회적 성공을 원합니다. 그런데 부모님이 저의 꿈을 지원해줄 만큼 경제적으로 여유롭지 못하십니다. 어떻게 하면 제 꿈을 이룰 수 있을까요?

> A: 경제적으로 여유롭지 못한 경우에 사회적으로 성공하는 방법이 여기 있습니다.

금수저들이 더 많이 성공하는 이유는 포기하지 않기 때문입니다. 한두 번 실패해도 금전적으로 여유로우니 언제든지 다시 시작할 수 있습니다.

그러나 흙수저는 한번 실패하면 다시 시작할 수 없습니다.

흙수저가 사회적으로 성공하려면 어떻게 해야 할까요?

답은 금수저처럼 하면 됩니다. 돈 대신에 노력으로 성공할 때까지 도전을 무한 반복하는 것입니다.

안타깝지만 당연하게도 본인이 하고 싶은 일은 인정받지 못할 가능성이 큽니다. 직업은 남들이 하기 싫어하는 일을 내가 대신해주고 돈을 받는 것이기 때문입니다.

🔗 시련은 성장을 위한 발판 – 1

> **Q: 사는 게 참 힘드네요. 인생을 살아가는데 시련은 꼭 필요한 건가요?**

> **A:** 시련의 필요성을 말씀드리기 위해서 지구동결현상에 대해 설명 드리겠습니다. 지구동결현상은 지구 전체가 꽁꽁 얼어붙는 현상을 뜻하는데 이것은 빙하기와는 또 다른 개념입니다.
> 빙하기는 2~3만 년 주기로 계속 반복되며, 지구의 1/3 정도가 얼음으로 뒤덮이는 현상입니다. 적도 근처와 바다는 얼지 않습니다.

그런데 지구동결현상은 빙하기보다 훨씬 더 춥습니다. 지구 전체가 얼어 버리고 심지어 바다까지 얼어 버립니다. 너무 추워서 거의 대부분의 생명체가 생존할 수 없는 상태가 됩니다. 이런 극한의 상황이 이제까지 2번 정도 있었다고 합니다.

8억 년 전 지구동결현상이 있었던 이유는 그 당시에 온실가스가 부족했기 때문입니다. 지구온난화의 주범인 이산화탄소가 예전에는 극소량만 존재했으며 산소도 마찬가지였습니다. 이산화탄소가 부족했기 때문에 날씨가 추워진 것입니다.

산소도 부족한 상황이었기 때문에 생명체도 별로 없었고 따라서 동물이 이산화탄소를 만들어 내는 양도 얼마 되지 않았습니다.

그 당시에 이산화탄소를 발생하는 가장 큰 원천은 화산 폭발이었습니다. 화산이 폭발하면서 대량의 이산화탄소가 뿜어져 나왔습니다. 하지만 이것은 금방 사라져 버리고 말았습니다. 바다가 이산화탄소를 흡수했기 때문입니다.

(주: 요즘도 바다가 이산화탄소를 대량으로 흡수하지만 인간이 배출하는 양이 워

낙 많아서 그 한계를 넘어섰고, 결과적으로 지구온난화는 가속화되고 있습니다.)

과거 이산화탄소의 부족으로 인해 지구는 너무나 추웠고 바다도 얼어붙어 버렸습니다. 그런데 화산 폭발은 계속 일어났습니다. 이산화탄소가 대량으로 발생하는데 이제는 공기 중에 그대로 남아 있습니다. 바다가 얼어버렸기 때문에 이산화탄소가 사라지지 않았습니다.

짧은 기간(수백 년) 동안 대기 중의 이산화탄소 농도가 급격히 증가했습니다. 이로 인해서 지구의 기온이 높아졌습니다. 드디어 바다가 녹기 시작했습니다. 바다의 식물성 플랑크톤이 이산화탄소를 산소로 바꾸기 시작했습니다.

얼음은 모두 녹았지만 그 이전과 비교해서 2가지 큰 차이점이 생겼습니다.
- 첫째, 기온이 높아졌고,
- 둘째, 산소가 풍부해졌습니다.

생명체가 살 수 있는 환경이 갖추어진 것입니다.

지구 역사상 지구동결현상이 2번 있었고, 그때마다 산소의 농도는 급격히 증가하였습니다. 이 땅에 생명체가 번성할 수 있었던 이유는 극한의 시련이 있었기 때문입니다.

〈출처: NHK 경이로운 지구〉

인간도 마찬가지입니다.
- 병이 위중할수록,
- 고통이 심할수록,
- 경제적으로 어려울수록,
- 외로울수록,

- 그 난관을 극복한 후에 인간은 놀라운 성장을 이룩합니다.

많이 힘들고 괴로우십니까? 조금만 더 참고 힘을 내십시오. 저 언덕 너머에 눈부신 보상이 기다리고 있습니다.

제 경험상으로 성장은 '얼마나 고통 받았는가?'와는 상관이 없었습니다. 성장은 '얼마나 노력했는가?'와 상관 있었습니다.

🔓 시련은 성장을 위한 발판 - 2

> Q: 너무나 상투적인 말씀인 것 같습니다. 지구동결현상은 지구 환경적인 현상이고, 저는 인간이라는 생명체라서 차이가 있네요.

> A: 저는 여러분께 몇 마디 말로 위로하기 위해서 이 글을 쓰는 것이 아닙니다. "성장을 위해서 시련은 필수적인 요소"라는 진실을 전달하기 위함입니다.
> 왜 성장을 위해서 반드시 시련이 수반되어야 하는지는 인류의 역사를 되돌아보면 확실히 알 수 있습니다. 그 기원은 최초의 단세포 생명체로 거슬러 올라갑니다.

최초의 생명체는 물에서 살았으며 지느러미가 없었기 때문에 물살에 의지해서 이동할 수밖에 없었습니다. 2차례의 혹독한 지구동결현상 이후 산소가 기하급수적으로 늘어났습니다. 그 결과 콜라겐이라는 물질을 합성할 수 있게 되었고, 이 콜라겐 덕분에 세포끼리 서로 붙어서 다세포 생명체로 발전합니다.

그 후 여러 단계를 거쳐서 생명체는 지느러미를 가진 어류로 진화했습니다. 마음대로 이동할 수 있게 되었지만 작은 물고기는 큰 물고기의 먹이가 되는 신세였습니다. 작은 물고기는 포식자를 피해 바다에서 강으로 거슬러 올라가서 민물에 적응합니다.

그런데 여기까지 큰 물고기가 따라왔습니다. 작은 물고기는 잡아먹히지 않기 위해서 강에 떨어진 나뭇가지 사이에 숨어들었고, 나뭇가지를 헤쳐 나가기 위해서 몸에 돌기가 생겨났습니다. 이 돌기가 발전하여 발이 생겨났고, 마침내 육지로의 위대한 도약을 시작합니다.

어류는 육상 생활에 적응하기 위해서 양서류를 거쳐서 파충류로 진화했습니다. 파충류 중에서도 작은 동물이 있고, 큰 동물이 있었습니다. 당연히 작은 동물들은 큰 동물들의 먹이가 되었지요.

그런데 재미있는 것은 지구를 지배했던 공룡의 조상은 고양이 정도의 크기밖에 되지 않았습니다. 이 연약한 파충류가 진화를 거듭하여 거대한 공룡이 되었습니다. 결국 작은 파충류를 잡아먹던 큰 파충류들은 공룡의 먹이가 되어서 멸종하고 말았습니다.

그때까지만 해도 인류의 먼 조상인 포유류는 쥐처럼 생긴 조그만 존재였습니다. 당연히 공룡의 먹잇감에 지나지 않았지요. 그렇게 포유류는 공룡을 피해 다니며 1억3천만 년 동안 땅 밑에서 생존을 이어나갔습니다.

6천5백만 년 전 지구에 대재앙이 닥쳤습니다. 거대한 운석이 지구에 떨어져서 지구 전체가 화염과 낙진으로 덮여버렸습니다. 유독가스가 주변 생명체를 죽음으로 몰아넣었고, 검은 구름이 태양을 가려서 혹한으로 생태계가 무너졌습니다.

그런데 이 가혹한 시련 속에서 공룡은 전멸했지만 포유류는 살아남았습니다. 덩치가 작은 포유류는 유독가스를 피해서 낮은 저지대로만 다녔기 때문에 생존할 수 있었습니다. 공룡이 멸종한 후에 마침내 포유류의 세상이 옵니다.

그러나 인류의 조상에게는 여전히 시련의 연속이었습니다. 덩치가 큰 포유류가 등장했지만 인류의 조상은 덩치가 작은 족제비처럼 생겼었고 여전히 먹잇감에 지나지 않았습니다.

여기서 인류의 조상은 특이한 선택을 했습니다. 보통 육식동물과 초식동물은 눈의 위치가 다릅니다. 초식동물은 늘 사방을 경계해야 하기 때문에 눈이 좌우에 달렸습니다. 그러나 육식동물은 눈이 앞쪽에 달려있습니다.

인류의 조상은 나약한 존재였습니다. 그런데 두 눈이 앞쪽에 몰려 있었습니다. 그 이유는 포식자를 피해서 나무 위로 올라갔기 때문입니다. 그 덕분에 사방을 경계할 필요가 없어졌고, 눈이 앞으로 몰려서 사물을 뚜렷이 구분하게 되었습니다.

손도 자유로워졌습니다. 나무 위에서 생활하면서 열매를 따먹다 보니 손이 발달했습니다.

〈출처: NHK 경이로운 지구〉

800만 년 전 인류의 조상에게 엄청난 시련이 닥쳤습니다. 초신성 폭발의 영향으로 지구에 낙뢰와 화재가 빈번하게 발생했습니다. 인류의 조상은 보금자리였던 숲과 나무를 잃었습니다.

나무에서 내려온 인류의 조상은 생존을 위해서 직립 보행을 선택합니다. 그 과정에서 다시 원숭이, 오랑우탄, 고릴라, 유인원으로 나뉘었습니다. 인류의 조상은 똑바로 서서 걸었고, 머리를 지탱하는 목에 하중이 줄어서 그 덕분에 뇌가 커졌습니다.

나무에서 내려오기는 했지만 유인원은 여전히 나약한 존재였습니다. 사나운 포식자로부터 자신을 지키기 위해서 무리를 지어 생활했고, 무기와 불을 사용하기 시작했습니다. 나약했기 때문에 더 강해졌습니다.

300만 년 전 아프리카에서 모든 유인원의 조상 오스트랄로피테쿠스가 등장했습니다. 그 후로 이 땅에 20종이 넘는 유인원이 나타났습니다. 그러나 대부분이 가혹한 자연의 시련에 사라지고 오직 호모사피엔스 단 한 종만 살아남았습니다.

이렇게 길고도 험난한 역경을 헤치고 나서야 마침내 인류가 지구의 주인으로 군림하게 된 것입니다. 상상해 보십시오. 얼마나 힘들고 고달픈 여정이었겠습니까?

이제까지 이 땅의 주인으로 군림했던 존재들은 모두 2가지 공통점을 가지고 있습니다.
- 첫째, 나약한 존재였습니다.
- 둘째, 끊임없이 진화를 거듭했습니다.

달이 차면 기울듯이 강한 존재는 항상 사라졌습니다.
나약한 존재라도 진화하지 않으면 역시 사라져 버렸습니다.

수억 년 동안 그래 왔듯이 시련은 진화의 원동력입니다.
인간은 살아있는 동안 진화할 수 있는 동물입니다.
진화하는 사람이 진정한 인생의 주인이 될 수 있습니다.

🔓 시련은 성장을 위한 발판 - 3

> Q: 지금은 구석기 시대와는 비교도 되지 않을 정도로 기술이 많이 발달했습니다. 좋은 교육을 받으면 굳이 시련을 겪지 않아도 성장할 수 있지 않을까요?

> A: 미국 스탠퍼드 대학에서 도자기 수업을 수강하는 학생들을 2그룹으로 나누어 실험을 진행했습니다. A그룹은 50개의 작품을 제출하면 높은 점수를 준다고 약속했고, B그룹은 단 한 개의 작품만으로 점수를 평가하기로 했습니다.
> A그룹과 B그룹 중에서 어느 그룹의 작품이 더 훌륭했을까요?

더 많은 작품을 만든 A그룹의 작품이 더 훌륭했습니다. 많이 만들다 보니 실패를 많이 했고, 그만큼 빨리 실력이 성장했습니다.

B그룹은 하나의 작품에 올인하다 보니 실패를 하지 않으려고 했고, 결국 실력이 성장할 기회가 부족했습니다.

진화는 수많은 도전을 시도하고, 그중에서 환경에 가장 적응하기 유리한 한두 가지 종만 생존하고 나머지는 사라지는 과정의 반복입니다.

인간도 마찬가지입니다.
시련이 있어야 실패를 하고, 실패를 많이 할수록 성장도 빠릅니다.

자아실현

🔑 역술인이 뽑은 최고의 사주

> Q: 사주에 대해서 여쭤봐도 되나요? 어떤 사주가 좋은 사주일까요?

> A: 한 다리 건너서 아는 사람 중에 사주 공부를 많이 한 사람이 있습니다. 주변 사람들의 사주풀이 해주는 걸 보면 제법 실력도 상당한 것 같더군요.

 그분이 말하기를 최고의 사주는 이건희 회장이 아니라 스티브 잡스 같은 인생이라고 합니다. 재벌 2세처럼 태어날 때부터 죽을 때까지 귀족으로 사는 인생보다 태어나서 부모에게 버려졌고, 양부모 밑에서 자랐고, 청년이 되어서는 남의 집에 얹혀살았고, 1주일에 한 번 공짜밥을 먹기 위해 10km를 걸어 다녔던 인생이 최고라고 합니다.

 그 이유는 발전에 있습니다. 시간이 흘러도 환경이 동일하면 사람은 만족감을 느끼지 못하고 지루해합니다. 스스로 노력해서 원하는 꿈을 이룩하고, 그 결과로 더 높은 곳으로 올라섰을 때에 비로소 사람은 행복을 느낍니다.

 태어나서 죽을 때까지 계속해서 발전하는 인생은 태어나서 죽을 때까지

계속해서 행복한 인생입니다.

 태어나서 죽을 때까지 계속해서 풍족한 인생은 태어나서 죽을 때까지 계속해서 지루한 인생입니다.

 처음부터 모든 것이 갖추어져 있는 사람은 자신이 행복하다는 사실을 인식하지 못합니다. 남이 나에게 필요한 것들을 모두 제공해 준다면 그것이 고맙지도 않고 받아도 만족스럽지 못합니다. 쉽게 얻은 것에는 도박이나 복권처럼 소중함을 느끼지 못하기 때문입니다.

 인생의 기쁨은 많이 소유하는 풍요로움에 있지 않습니다. 원하는 것을 스스로 만들어 낼 때 행복이 옵니다.
 본인이 현재 가장 밑바닥에 있다고 느껴진다면 미리 기뻐하십시오. 이제 위로 올라갈 일만 남았으니까요.

🎧 창조와 사랑

> Q: 어떻게 사는 것이 올바른 인생일까요? 인생에 목적이 있다고 생각하시나요?

> A: 하나님은 자신의 형상대로 인간을 창조하셨습니다. 신의 형상은 2가지로 요약될 수 있습니다.
> (1) 창조
> (2) 사랑

- 창세기 1:27 - 하나님이 자기 형상 곧 하나님의 형상대로 사람을 창조하시되 남자와 여자를 창조하시고

우리가 이 땅에서 수행해야 하는 사명도 신의 본모습인 창조와 사랑을 실천하는 일입니다. 그리고 창조와 사랑은 함께 공존해야 합니다. 예를 들어서 발명품을 새로 만들었는데 사랑이 담겨 있지 않다면 총이나 칼 같은 무기가 되어버립니다.

그리고 사랑을 베풀 때는 상대방이 성장하도록 신경 써야 합니다. 힘들어하는 사람에게 위로만 해주면 당장은 기분이 좋지만, 그 상황에 안주하게 되어서 발전이 없습니다.
미래를 생각하지 않고 당장 상대방이 필요한 것들을 채워주면 그 사람은 계속 나에게 의지하게 됩니다. 이것은 진정으로 상대방을 위한 행동이 아닙니다.

그래서 배고픈 사람에게 물고기 대신에 낚시를 하는 방법을 가르쳐 주어야 합니다.

병에 걸린 사람에게는 스스로 병을 치료할 수 있는 방법을 가르쳐 주는 것이 최선입니다.

그것이 진정한 신의 사랑입니다.

🔓 인생의 목적 – 1

> Q: 좀 더 구체적으로 '인생의 목적'에 대해서 설명해 주실 수 있습니까?

> A: 사람은 저마다 각기 다른 인생을 살았고, 저마다 서로 다른 인생의 목적이 있으리라 믿습니다. 저는 오랜 생각 끝에 보편적인 인생의 목적에 대해서 이런 결론을 내렸습니다.

인생의 목적이란: 자신이 하고 싶은 일을 발견해서 그 일을 맘껏 즐기는 것입니다.

인생의 목적은 행복해지는 것입니다. 그리고 자신의 적성에 맞는 직업이 바로 인생 최고의 행복입니다.

그 이유는 우리가 자신의 역할에 충실할 때 행복을 느끼게 되며 우리의 역할은 신의 대변자, 즉 창조자이기 때문입니다. 우리 모두는 과거에 신의 자녀였고 지금도 여전히 창조자입니다.

신의 자녀가 육신이라는 옷을 입고 이 세상으로 온 이유는 다음과 같습니다.
내가 신의 대변자라는 것을 체험으로 알기 위해서.
〈출처: 신과 나눈 이야기〉

그렇습니다. 우리는 모두가 신의 대변자이고, 그것을 직접 체험하기 위해서 이곳에 왔습니다. 그렇기 때문에 내가 무언가를 만들어 낼 때 창조자의 역할에 충실하게 되고, 그 순간 최고의 기쁨을 맛보게 됩니다.

사람은 저마다 타고난 특성과 후천적인 경험에 의해서 서로 다른 취향을 가집니다. 자신이 가장 좋아하는 직업이나 취미를 찾아서 거기에 심취한다면 인생이 축복으로 느껴질 것입니다.

제 말이 믿기지 않는다면 자신의 과거를 되돌아보십시오. 그리고 이제까지 살아오면서 가장 행복했던 순간을 떠올려보십시오. 여러분은 언제 가장 행복했습니까?

남이 만들어준 맛있는 음식을 먹거나 다른 사람이 만들어 놓은 예술품을 구경할 때가 가장 즐거웠습니까?
저는 그렇지 않습니다. 저는 스스로 뭔가를 이루어 냈을 때 최고의 희열을 느꼈습니다. 여러분도 그렇지 않았습니까?

🔒 인생의 목적 – 2

'적성에 맞는 직업'이 인생 최고의 행복인 이유는 우리 모두는 예술가이자 창조자이기 때문입니다. 참고로 여기서 말하는 직업은 돈을 많이 벌거나 사회적인 성공을 의미하지는 않습니다.

- 식물을 좋아하는 사람은 조그만 밭에서 꽃을 키워서 팔 수도 있습니다.
- 장신구를 좋아하는 사람은 직접 만든 액세서리를 시장에서 팔면 됩니다.
- 맛있는 음식을 좋아하는 사람은 맛집 소개 책, 혹은 요리책을 출판할 수도 있습니다.
- 여행을 좋아하는 사람은 여행지를 촬영해서 틱톡 혹은 유튜브에 업로드 할 수도 있습니다.

많은 돈을 벌지는 못하더라도 생계를 유지할 수만 있으면 그걸로 족합니다. 인생이 행복하기 때문에 유흥에 많은 돈이 필요하지 않기 때문입니다. 좋아하는 취미생활을 하면서 그것으로 돈도 버는 개념으로 생각하면 되겠습니다.

> Q: 사랑보다 직업이 더 인생에서 중요한가요?

> A: 인생에는 다양한 요소들이 있고 사람마다 여러 가지 목적이 있을 수 있습니다. 많은 사람들이 '사랑할 때 가장 행복하다'라고 하실 겁니다. 저도 거기에 동의합니다. 신의 본모습은 사랑 그 자체이기 때문입니다.

제가 사랑보다 직업을 더 강조하는 이유는 직업이 사랑보다 더 중요하기 때문은 아닙니다. 직업이 먼저 충족되어야 진실한 사랑을 할 수 있기 때문입니다.

  옛말에 "수신제가한 이후에 치국평천하할 수 있다"고 하였습니다.
〈출처: 대학〉
  스스로 자신을 돌볼 수 있는 사람이 다른 사람도 도와줄 수 있습니다.
  아기는 부모에게 큰 기쁨을 주지만 다른 사람을 도와주지는 못합니다. 성장한 이후에 자신을 돌보고, 부모를 부양하고, 새로운 가정을 만들어 갑니다.

  요즘은 물질적으로 풍요로운 세상이지만 행복지수는 바닥을 헤매고 있습니다. 가정이 행복하지 않기 때문입니다.

  청춘남녀가 만나면 행복하지만 그 행복은 오래가지 못합니다. 결혼하기 전에는 '너 없이는 못 살아'이었다가 결혼하고 나면 '너 때문에 못 살아'로 바뀝니다. 서로에게 사랑을 주기보다 상대방에게 사랑을 원하기 때문입니다. 이것은 사랑이 아니라 전쟁입니다.

  서로에게 사랑을 주지 못하는 이유는 본인이 행복하지 않기 때문입니다. 이것을 명심하시기 바랍니다.
  혼자 있을 때 행복한 사람이 다른 사람들과 잘 지낼 수 있습니다.

  몸과 마음이 건강하고 스스로 만족하는 직업을 가진 사람은 행복합니다. 그리고 행복한 사람이 진정한 사랑을 할 수 있습니다.
  받는 사랑도 행복하지만 오래가지 못합니다. 예수님처럼, 부처님처럼, 테레사 수녀님처럼 주는 사랑이 훨씬 더 큰 기쁨을 줍니다. 그리고 그 기쁨은 영원히 지속됩니다. 행복한 사람이 더 큰 행복으로 갈 수 있는 것입니다.

중독해방

🔓 욕구의 진화

> Q: 혼자 있을 때 행복하면 정말 다른 사람을 진정으로 사랑할 수 있게 될까요?

> A: 『뇌내혁명』이란 책의 내용을 요약하면 다음과 같습니다.
> ① 생리적인 기본 욕구를 충족시키면 안전에 대한 욕구가 발현되고,
> ② 안전에 대한 욕구를 충족시키면 육체적인 즐거움을 원하게 되고,
> ③ 육체적인 즐거움을 충족시키면 정신적인 즐거움을 원하게 되고,
> ④ 정신적인 즐거움을 충족시키면 자아실현의 욕구가 발현되고,
> ⑤ 자아실현의 욕구를 충족시키면 사람들을 사랑하는 인류애가 발현됩니다.

이론상으로는 맞는 말이지만 현실과는 거리가 있습니다. 인간은 욕구를 충족시켜도 만족을 모르고 더 깊이 빠져들기 때문입니다.

베르나르 베르베르의 소설 『뇌』에는 마약에 중독된 젊은 여성이 등장합니다. 도파민 분비 기관이 망가져서 헤로인 이외에는 어떠한 방법으로도 즐거움을 느끼지 못하는 상태가 되었고 늘 우울했습니다. 스스로의 의지로는 헤로인을 끊을 수가 없어서 최후의 방법을 선택했습니다. 뇌수술로 도

파민을 분비하는 뇌세포를 절제한 것입니다. 이제는 헤로인으로도 기쁨을 느낄 수 없게 되었습니다. 이것이 마약을 끊을 수 있는 유일한 방법입니다.

낮은 수준의 욕구를 충족시켰을 때 더 높은 수준의 욕구가 발현되면 좋겠지만, 현실에서는 오히려 중독에 빠지게 됩니다.

> Q: 그렇다면 이 딜레마를 어떻게 해결할 수 있을까요?

> A: 제가 내린 결론은 이것입니다.
> *현재 자신의 수준에 맞는 욕구를 충족시키되 조건이 있습니다. 건강을 해치지 않는 범위 안에서 즐기는 것입니다.*

(1) 중독에서 벗어나기 힘든 이유는 몸이 건강하지 않기 때문입니다. 우울증 환자가 쉽게 중독에 빠지는 이유도 몸이 건강하지 않기 때문입니다.
몸이 건강하면 외부 요인에 의존하지 않아도 늘 행복합니다. 몸이 건강하면 중독에 빠지더라도 쉽게 빠져나올 수 있습니다.

- 담배나 마약은 백해무익합니다. 건강에 해로운 중독 요소는 아예 시작하지 않는 것이 최선입니다.

- 1주일에 한두 번 한잔의 포도주는 마셔도 괜찮습니다. 그 이상의 알코올은 건강에 해롭습니다.

- 유흥은 건강을 해치지 않는 범위 안에서 즐겨야 합니다. 다른 사람을 위해서가 아니라 본인 자신을 위해서.

- 도파민 의존에서 벗어나기 위해서 강한 자극을 멀리해야 합니다. 게임, 연애, 성인 동영상이 주는 기쁨은 도파민 호르몬 때문이며, 도파민도 중독됩니다. 몸이 스스로 만들어 내는 호르몬이지만 시간이 지날수록 더 강한 자극을 원하게 되고 금단증상도 따라옵니다.

(2) 중독의 노예가 되지 않고 영원히 행복하기 위해서는 도파민이 아니라 세로토닌에 의존해야 합니다. 세로토닌이 분비되는 상황은 다음과 같습니다.

- 날씨가 맑을 때 산책을 하면 몸에서 세로토닌이 분비되고 사람은 편안한 감정을 느낍니다.
- 잔잔한 음악을 듣거나,
- 명상을 할 때,
- 가족들과 대화할 때,
- 애완동물을 안을 때도 세로토닌은 분비됩니다.

그리고 세로토닌은 중독되지 않습니다. 빠져들어도 안전합니다.

요술램프에 비는 소원

> Q: 약간 엉뚱한 질문이긴 한데요, 만약 '알라딘의 요술램프'가 실제로 존재한다면 어떤 소원이 현명한 소원일까요?

> A: 대부분의 소원은 욕구를 충족시키는 종류들입니다. 사람들은 욕구를 충족시키려고 끊임없이 노력하면서도 놀랍게도 그 욕구 자체가 잘못되었다는 생각은 전혀 하지 않습니다.

인간은 이성보다 본능을 따르는 비논리적인 동물입니다. 본능은 수백만 년 동안 야생에서 축적된 생존을 위한 전략입니다. 21세기를 살아가는 우리들에게는 불필요한 욕구들이 많습니다.

우리가 램프의 요정에게 요청해야 할 소원은
"나의 욕구를 충족시켜 주시오"가 아니라,
"생존에 불필요한 욕구를 사라지게 해주시오"가 되어야 하지 않을까요?

그리고 우리에게는 이 소원을 들어주는 요정이 있습니다. 그것은 바로 건강입니다.

개와 토끼 실험

> Q: 욕구를 충족시키는 대신에 쇼핑몰을 구경하거나 성인 동영상을 보면서 대리만족 하는 건 괜찮을까요?

> A: 미국의 한 의사는 욕망과 질병의 연관성을 파악하기 위해서 개와 토끼를 대상으로 실험을 진행하였습니다. 개와 토끼를 같은 공간에 놔두고 철망으로 분리했습니다. 그리고 개에게 소량의 먹이만 주었습니다.

그러자 개와 토끼 둘 다 우울증세를 보였습니다. 개는 토끼를 먹고 싶지만 그러지 못하기에 좌절감에 빠졌고, 토끼는 언제 잡아먹힐지 모른다는 불안감에 두려워했습니다.

실험을 시작하고 몇 달 후에 의사가 동물들을 해부해보니 둘 다 모든 장기가 병들어 있었습니다.

그 다음에는 토끼 없이 개만 소식을 시켜보았습니다. 그랬더니 이번에는 병든 장기가 없었고 매우 건강했습니다.

이 실험이 증명하는 바는 이것입니다.
유혹의 대상은 사용하지 않더라도 가까이 있는 것만으로도 건강에 악영향을 줍니다.

사람도 마찬가지입니다. 중독요인을 멀리해야 한다는 것을 알고 있더라도 그것이 시야에 들어오면 둘 중 한 가지 결과를 가져오게 됩니다.
- 유혹을 참지 못하고 중독요인을 사용하거나,
- 눈앞에 있는 중독요인을 참아야 하는 스트레스 때문에 몸과 마음 모두 망가집니다.

어린아이가 아이스크림과 과자를 보면 참지 못하듯이 어른도 술, 담배, 아름다운 이성을 보면 유혹을 이겨내기 힘듭니다.

예를 들어서 성인 동영상은 정자 검사를 하는 경우 외에는 아무런 도움이 되지 않습니다. 이성에 대한 욕구 때문에 성인 동영상을 보게 되면 욕구가 줄어드는 것이 아니라 오히려 더 강해집니다. 게다가 성인 동영상에 등장하는 화려한 기술들은 일반인들에게 무용지물입니다.

식품 광고도 마찬가지입니다. 소비자의 건강을 위해서 음식을 만드는 기업은 거의 없다고 봐야 합니다. 세계적인 아이스크림 회사를 창업했던 두 명의 친구 중 한 명은 아이스크림을 많이 먹어서 일찍 죽었습니다. 나머지 한 명은 그 후로 아이스크림을 먹지 않았습니다. 그렇지만 아이스크림 사업은 계속했습니다.

우리는 예수나 부처 같은 성인이 아닙니다. 유혹에 쉽게 무너지는 어리석은 중생일 뿐입니다. 유혹에서 멀어지는 것이 나 자신을 위한 길입니다.

 비움의 철학

Q: 생존과 상관없는 유혹은 뭐든지 멀리해야 할까요?

A: 비움이 가진 의미에 대해서 설명드리겠습니다.

- 신체에 산소가 부족하면 더 많은 산소를 섭취하기 위해서 뇌는 하품을 유도합니다. 그런데 하품은 일반적으로 생각하는 들이마시는 행위가 아닙니다. 폐 속에 있는 공기를 바깥으로 내뱉는 행위입니다. 비워야지 비로소 채울 수 있다는 진리를 뇌는 알기 때문입니다.

- 빅뱅 이후에 우주는 점점 넓어지고 있고, 과학자들은 행성 간의 중력에 의해서 시간이 지나면 다시 은하 간의 거리가 가까워질 거라고 예상했습니다. 그러나 예상과는 다르게 은하 간의 거리는 점점 더 빨리 멀어지고 있습니다.
실험에 의해서 진공 상태에서는 물체 간에 밀어내는 힘이 존재한다는 사실을 발견했습니다. 진공 속에는 보이지 않는 엄청난 에너지가 존재한다는 것이 입증되었습니다. 이것을 암흑 에너지라고 부릅니다.

비운 다음에 채워야 할 필요는 없습니다. 비우는 것 자체가 큰 힘을 줍니다.

- 요즘은 어린 학생들도 안경을 많이 씁니다. 대부분의 사람들이 하루 종일 컴퓨터, 스마트폰을 들여다보니 자세도 안 좋고 척추에 무리가 많이 갑니다.

몽골인들의 평균시력은 3.0입니다. 문명화된 사회에서는 찾아보기 어려운 수치이지요. 이유는 단순합니다. 눈에 좋은 약을 먹기 때문이 아니라 시력을 해치는 요소들이 존재하지 않기 때문입니다. 빌딩 숲 대신에 푸른 초원이 끝없이 펼쳐져 있고 스마트폰, 컴퓨터, TV도 없습니다.

무언가 한 가지를 얻으려면 다른 한 가지를 포기해야 하는 것이 세상의 법칙입니다.

대인관계

🔑 사랑의 정의

> Q: 사람은 누구나 사랑을 원합니다. 그것도 간절히.
> 선생님은 혼자 지내도 행복할 때 사랑을 하라고 하셨었죠? 사랑이 대체 무엇이길래 이렇게 어려운 걸까요?

> A: 저도 '사랑'의 의미를 혼자서 고민해 보았습니다. 제가 내린 결론은 이러합니다.

내가 그 사람을 생각하는 만큼 그 사람이 나를 생각해 주기를 바란다면 그건 좋아하는 감정입니다. 내가 명품 가방, 구두, 자동차, 맛있는 음식을 좋아하는 것과 같은 감정입니다.

사람은 소유할 수 없습니다. 사람을 소유하려고 하면 상대방도 상처받고, 나도 상처받습니다. 모두가 지는 게임입니다.

그 사람이 나를 생각하지 않아도 상관없고, 나의 존재를 몰라도 상관없다면, 그저 그 사람이 행복하기만을 바란다면, 그건 사랑이 맞습니다.

신의 사랑이 바로 진정한 사랑입니다.

· 고아를 입양한 부모, 시험관 아기로 자식을 낳은 부모, 그리고 자식을 친구처럼 존중하는 부모의 사랑이 진정한 사랑입니다.

상대방에게 아무것도 바라지 않는 선행이 진정한 사랑입니다.
상대방에게 아무것도 바라지 않을 때 나도 상처받지 않습니다.
그렇기 때문에 진정한 사랑은 어떤 경우에도 아프지 않습니다.

🔒 좋은 배우자를 구분하는 방법

> Q: 결혼에 대한 고민이 있습니다. 좋은 배우자는 어떤 사람이고, 어떻게 알아볼 수 있을까요?

> A: 소크라테스는 이런 말을 했습니다.
> "남자들이여! 결혼을 하라. 좋은 여자를 만나면 인생이 행복할 것이다. 안 좋은 여자를 만나면 철학자가 될 것이다."

배우자는 평생을 함께 살아야 하는 아주 중요한 사람입니다. 그렇기 때문에 결혼은 신중해야 합니다.

젊은 사람들이 가장 경계해야 하는 말은 이것입니다.
"다음번에 더 좋은 사람 만날 거야."
"짚신도 제 짝이 있다."
내가 노력하지 않는데 하늘에서 좋은 사람이 떨어질 이유가 없습니다. 나에게 좋은 사람은 다른 사람들에게도 좋은 사람입니다. 그래서 좋은 배우자를 만나기는 참으로 어렵습니다.

평생을 함께할 만한 배우자의 기본적인 조건은 다음과 같습니다.
- 너그러운 인성

- 성실성

- 생계유지를 위한 경제력

이런 조건을 가진 사람을 구분하는 방법을 알려드리겠습니다.

(1) 우선 본인 자신이 위의 조건을 갖추어야 합니다. 사람은 비슷한 사람들끼리 만나기 때문입니다. 혼자 사는데 문제가 없다면 위의 조건을 모두 갖추었다고 봐도 됩니다. 혼자 산다는 것은 스스로를 책임질 경제력이 있고, 자신을 돌볼 정도로 성실하다는 의미입니다. 그리고 성실한 사람이 성격도 좋습니다.

게다가 내가 누구에게도 의지하지 않고 잘 살 수 있어야 이성을 만났을 때 호르몬의 속임수에 빠지지 않을 수 있습니다. 스스로를 책임질 능력이 없으면 아무에게나 의존하게 되고, 성급한 결정으로 인해 평생 힘든 나날을 보내게 됩니다.

(2) 사람을 판단할 때는 말이 아니라 행동을 봐야 합니다. 배우자는 평생 함께 살아야 합니다. 성실하지 않거나 성격이 이기적인 사람과는 평생을 함께하기 어렵습니다.

예를 들어서 금연, 금주, 다이어트를 말로만 하는 사람은 배우자로 적합하지 않습니다. 스스로를 컨트롤하지 못하는 사람은 주변 사람을 책임질 수 없기 때문입니다.

(3) 이제까지 뭔가 성취한 것이 있는지, 아니면 말만 화려한지를 확인해야 합니다. 목표를 성취하기 위해서는 현재 시점에서 가장 중요한 것 한 가지에만 집중해야 합니다. 벌여 놓은 일은 많은데 마무리해 놓은 일이 없다면 발전 가능성이 적은 사람이라서 배우자로서 적합하지 않습니다.

(4) 상대방이 주변 사람들에게 어떻게 대하는지를 보면 그 사람의 진짜 인성을 알 수 있습니다.

가족, 친구, 직장 후배, 음식점 직원 등등 가까운 사람들에게 함부로 대하는 사람은 배우자에게도 똑같이 하기 마련입니다.

(5) 봉사활동을 많이 한 사람은 결혼생활도 잘합니다. 봉사활동을 자주 하는 사람은 심성이 너그럽고, 동시에 부지런한 사람이라는 의미입니다. 그리고 부지런하면 지금은 아니더라도 언젠가는 직장에서 능력을 인정받게 됩니다.

(6) 자신이 옳다고 생각하는 바를 다른 사람에게 강요해서는 안됩니다. 예를 들어서 자신이 성실하다고 해서 남에게도 똑같이 하라고 강요한다면 그 사람은 함께 살기에 피곤한 스타일 입니다. 너그러운 인성을 갖추지 못했기 때문입니다.

🔑 체질과 궁합

> Q: 몇 년 전에 뉴스를 보니 "여성잡지가 이혼을 부채질한다"라는 제목의 기사가 있더군요. 여성잡지에 유명 연예인들의 이혼에 관한 기사가 자주 나와서 그걸 보는 사람들이 이혼을 당연하게 생각하게 된다는 내용이었습니다.
> 평생을 함께할 만한 궁합은 어떻게 알아볼 수 있나요?

> A: 많은 유명 연예인들이 팬들의 축복을 받으며 허니문에 골인했지만 평생을 함께 해로하지 못하고 이별하는 경우가 무척이나 많았습니다. 그에 반해 최수종-하희라, 차인표-신애라 부부처럼 모든 이의 부러움을 사는 커플도 있습니다.

남녀 간의 궁합에 대해서 말씀드리겠습니다. 체질의학에서는 좋은 궁합을 이렇게 정의하고 있습니다.

서로 반대되는 체질이 좋은 궁합입니다.

남과 여는 서로 다릅니다. 육체적으로도 다르지만 정신적으로도 많은 차이가 있습니다. 서로 다른 두 사람이 만나서 불꽃이 튀듯이, 서로 다른 체질끼리 만나야 좋은 궁합입니다.

체질의학에서는 환자의 체질에 따라서 강한 기운은 억누르고 약한 기운은 도와줍니다. 마찬가지로 서로 다른 체질끼리 만나면 서로 부족한 기운을 채워주기 때문에 두 사람 모두 건강해집니다.

그래서 체질별로 좋은 궁합을 나열해 보면 다음과 같습니다.

(1) 가장 좋은 궁합
- 태양인 - 태음인
- 소양인 - 소음인

정반대 체질끼리 만났기 때문에 가장 좋은 궁합입니다.

(2) 괜찮은 궁합
- 태양인 - 소음인
- 소양인 - 태음인

정반대는 아니지만 양인과 음인이 만났기 때문에 좋은 궁합입니다. 평생을 함께 사는 부부는 공통된 취미나 생활습관이 매우 중요합니다. 태양인과 소음인은 섬세한 스타일이고, 소양인과 태음인은 활발한 스타일입니다. 그래서 태양인-소음인 혹은 소양인-태음인도 음양의 조화를 이루면서 함께 살기에 좋은 궁합입니다.

(3) 보통 수준인 궁합
- 태양인 - 소양인
- 태음인 - 소음인

양인끼리 혹은 음인끼리 만났으나 같은 체질은 아니기 때문에 좋지도 나쁘지도 않은 궁합입니다.
태양인과 소양인은 같은 양인이라서 음식 궁합이 잘 맞습니다. 태음인과 소음인도 같은 음인이라서 역시 음식이 잘 맞습니다.

(4) 안 좋은 궁합
- 태양인 - 태양인

- 소양인 - 소양인
- 태음인 - 태음인
- 소음인 - 소음인

같은 체질끼리 만났으니 건강 측면에서는 안 좋은 궁합입니다.

부부간에 체질이 같다고 해서 무조건 나쁘다고 할 수는 없습니다. 왜냐하면 체질이 같으면 서로 취향이 비슷하고, 음식도 잘 맞습니다. 체질이 같은 부부는 함께 취미를 공유하고 동업자로 일을 해도 서로 부딪치지 않습니다.
다만 이런 부부는 각자의 건강에 신경을 많이 써야 하겠지요.

(5) 최고의 궁합
- 너그러운 성품 - 너그러운 성품
- 건강한 신체 - 건강한 신체

"관상보다 심상이 더 중요하다"라는 말이 있습니다. 최고의 궁합은 체질보다는 신체적으로 건강하고 아름다운 마음씨를 가진 사람들 간의 만남이 최고의 궁합입니다.

🎧 무의식적으로 본능 한다는 게 뭘까요?

Q: 휴일에 심심해서 'EBS다큐프라임 남과 여'(2013)를 봤는데 너무나 재미있었습니다. 실험을 통해 사람들 대부분 자신의 냄새를 싫어하고, 여자가 끌리는 남성 목소리를 가진 사람이 테스토스테론 수치가 높게 나타났다고 하네요.
그러면서 마지막에 자신이 무의식적으로 본능 하는 거에 맡기면 좋을 거 같다고 했습니다. 그럼 제가 생각하기에 예쁜 여자를 찾아야 하나요? 무의식적으로 본능 한다는 게 뭔지 잘 모르겠네요.

A: 이성에게 끌리는 감정, 그리고 특정한 요건을 갖춘 이성에게 유난히 관심이 가는 호기심은 건강한 2세를 낳기 위한 진화의 산물입니다.
사람은 이성의 얼굴을 보고 건강한 2세를 낳을 수 있는 능력을 판별합니다. 예를 들어서 이목구비가 뚜렷한 얼굴은 건강하다는 증거가 되고, 허리와 엉덩이 둘레 비율이 2대 3인 여성은 건강한 아이를 낳을 수 있습니다.

나에게 없는 면역력을 가진 이성의 체취는 향기롭게 느껴집니다.
이성에 대한 선호도는 자신의 유전자를 후손에게 물려주려는 수억 년 동안 이루어진 진화의 산물입니다.

🔒 나쁜 남자에게 끌리게 되는 심리

> Q: 외로워서 힘들어요. 의지할 사람이 없다는 것이 큰 문제입니다.

> A: 제가 상담으로 도와드렸던 분들 중에서 많은 사람들이 외로움 때문에 괴로워했고, 아무나 만나서 외로움을 잊으려는 시도를 했습니다. 하지만 자신의 생각대로 되지 않아서 오히려 더 큰 상처를 받는 경우를 많이 보았습니다.

제 경험상으로는 심리적인 문제가 있을 때 누군가에게 의지하면 문제가 해결되지 않았습니다. 잠시 외로움을 잊을 수는 있지만 근본적인 문제는 여전히 남아있습니다.

(1) 나쁜 남자 신드롬

제가 고민 상담을 하다 보면 안 좋은 남자를 만나서 시련을 겪는 분들을 자주 보게 됩니다.

상습적인 욕설과 구타로 몸과 마음이 상처를 입는 경우도 많고, 원하지 않는 임신으로 가슴에 지워지지 않는 상처를 남기기도 하고, 평생 멍에를 짊어지고 살기도 합니다. 심지어는 돈을 갚기 전에는 떠나지 않겠다는 각서를 쓰고 붙잡혀 있는 여성도 있었습니다.

『맥심』 잡지는 나쁜 남자에게 끌리는 여성들에게 경고의 메시지를 전하기 위해서 충격적인 표지를 디자인했고, 사회적으로 비난에 시달리기도 했습니다.

사람을 판단할 때는 마음이 가장 중요합니다.
이것을 모르는 사람은 없습니다. 하지만 이성적으로는 알고 있지만

본능은 나쁜 남자에게 끌리기 마련입니다. 자그마치 100만 년 넘게 무의식에 각인되어 왔기 때문입니다.

(2) 나쁜 남자에게 끌리는 이유

> Q: 왜 여자들은 나쁜 남자라는 사실을 알면서도 좋아하는 걸까요?

> A: 인류가 가축을 기르고 농사를 시작한 시기는 신석기시대부터입니다. 구석기시대까지는 수렵과 사냥만이 유일한 생계 수단이었습니다. 그때 당시에 일등 신랑감의 요건은 2가지 - 체력과 잔인함이었습니다. 먹을 것이 귀했기 때문에 고양이든 사슴이든 먹을 수 있는 건 가차 없이 죽여서 가족들을 먹일 수 있는 능력(?)이 최고의 남성적 매력이었습니다.

또한 호랑이나 늑대 같은 육식동물이 가까이 오면 맞서서 싸울 수 있는 남자가 모든 사람의 우상이 될 수 있었습니다. 그래서 원시시대의 여성들은 나쁜 남자를 선호할 수밖에 없었습니다.

농경문화는 불과 5천 년 ~ 1만 년 전에 시작되었습니다. 그러니까 신석기 + 청동기 + 철기 + 디지털 시대를 모두 합쳐도 전체 인류 진화 과정의 1%밖에 되지 않습니다. 인류 역사의 99% 이상이 원시시대였습니다. 그렇기 때문에 아직까지도 여성들의 DNA에는 본능적으로 나쁜 남자를 좋아하는 성향이 남아 있습니다.

(3) 무의식을 억제할 수 있는 방법

> Q: 나쁜 남자에게 끌리는 본능을 억제하려면 어떻게 해야 할까요?

> A: 지금은 시대가 변했지만 머리로 안다고 해서 본능을 억제하기란 결코 쉽지 않습니다. 그래서 제가 권해 드리고 싶은 방법은 바로 이것입니다. *연애를 시작하기 전에 혼자 살아도 문제없는 환경을 만들어야 합니다.*

제 경험상으로 나쁜 남자를 만나서 고생하는 분들에게는 몇 가지 공통점이 있더군요.

- 어릴 때 부모님의 애정을 충분히 받지 못해서 애정결핍이 있거나
- 장기간의 스트레스로 우울증이 있거나
- 현재 복잡한 상황이 많아서 타인에게 의지하고 싶거나
- 경제적으로 어려움을 겪고 있었습니다.

결국 안 좋은 상황이 더 안 좋은 상황을 불러오게 되는 경우를 많이 보았습니다. 그래서 본인 스스로의 인생을 책임질 수 있는 환경과 능력을 먼저 구비하는 것이 중요합니다. 그런 다음에 연애를 한다면 성공적인 연애를 할 수 있습니다.

혼자서 잘 지내는 사람이 다른 사람과도 잘 지낼 수 있습니다.
다른 사람에게 의지할 필요가 없을 때 상처받을 일도 없습니다.

스토킹 피해자들의 흔한 실수

Q: 예전에 저에게 집착하던 선배가 있었어요. 제가 그 선배에게 이성적인 감정이 없다고 말했더니 그 선배는 "이제부터 선후배 사이로 지내자"라고 하더라구요. 그래서 저는 그 말을 믿었는데 그후로 계속 만나자는 연락이 옵니다.
저는 어떻게 해야 할까요?

A: 대부분의 스토킹 피해자들은 집착과 선의의 도움을 구분하지 못하고 스토커와 계속 관계를 유지하는 실수를 저지릅니다.

"이제 너에 대한 내 감정은 접었어. 이제부터 좋은 친구 사이로 지내자."라는 말을 쉽게 믿어 버립니다. 하지만 불가능합니다. 왜냐하면 스토커는 자신이 피해자라고 확신하기 때문입니다. 스토커는 소유욕이 너무나 크기 때문에 자신을 알아주지 않는 상대방을 원망하며 정말로 괴로워합니다. 그래서 못 잊습니다.

스토킹 피해자가 문제를 해결할 수 있는 유일한 방법은 완벽한 단절뿐입니다.
그러기 위해서 피해자는 가해자에게 아무것도 기대하지 말아야 합니다.
아주 사소한 것이라도 피해자가 가해자에게 의지하는 순간 가해자는 그것을 철저히 이용합니다. 오히려 상대방이 자신에게 붙잡아 달라는 요청의 신호라고 착각해 버립니다.

스토커가 만든 환상에서는 자신이 연약한 사람을 보호하고 도와주는 착한 사람이고, 피해자는 남에게 의지해서 살아가는 무능한 사람, 게다가 은혜를 당연하게 여기는 뻔뻔한 캐릭터로 등장합니다.

그래서 유일한 해결방법은 단절이고, 그것이 스토커를 위하는 길이기도 합니다.

> Q: 스토커는 어떻게 해야 집착에서 벗어날 수 있을까요? 다른 사람을 사귀면 지금 좋아하는 사람을 잊을 수 있을까요?

> A: 대부분의 스토커들은 우울증을 가지고 있습니다. 우울증이 있는 사람은 자신이 힘든 이유가 주변 사람들 때문이라고 착각합니다. 이런 사람은 주변 사람들이 모두 떠나갔을 때 비로소 자기 자신을 제대로 볼 수 있습니다.

모든 중독이 다 그러하듯이 인간 중독도 빠져나오기 힘든 늪입니다. 모든 중독 요인은 멀리해야 합니다. 인간 중독에서 빠져나오려면 사람을 멀리해야 합니다. 다른 사람을 찾는 행동은 담배에서 술로 갈아타는 것과 같습니다.

🔓 외로움을 견디기 힘든 이유

Q: 외롭다고 해서 큰일이 생기는 것도 아닌데 왜 이렇게 혼자 있을 때 괴로울까요?

A: 사람이 외로움을 견디기 힘들어하는 이유를 설명 드리겠습니다.

(1) 첫째, 인류는 백만 년 넘게 진화해 왔고, 문명을 이룬 지는 1만 년도 채 되지 않습니다. 그렇기 때문에 인간의 뇌는 아직까지 원시시대에 머물러 있습니다.

원시시대에 혼자 산다는 것은 곧 죽음을 의미했습니다. 같이 사냥을 할 동료가 없으면 굶어야 했고, 맹수가 나타났을 때 혼자서는 잡아먹히기 때문입니다.

그래서 생존을 위해서 뇌는 외로움을 견디기 힘든 고통으로 변화시켰습니다. 그 덕분에 인류는 서로 단합했고 그 결과로 지구를 정복할 수 있었습니다.

하지만 지금은 더 이상 원시시대가 아닙니다. 혼자 있어도 문제가 생기는 일은 없습니다. 오히려 더 편하고 자유롭습니다. 외로움을 통제하려면 '심리적 고통은 뇌가 만들어 내는 환상'이라는 사실을 항상 기억해야 합니다.

(2) 둘째, 외로움이 너무 견디기 힘들다면 우울증을 의심해 보아야 합니다. 우울증이 있으면 아무런 이유 없이 불안하고 긴장됩니다. 그러면 사람은 자신의 내부에 원인이 있다는 사실을 인정하지 못하고 '내가

외로워서 불안하구나!'라고 착각합니다.

- 문제의 원인을 다른 사람, 혹은 외부에서 찾으면 내가 할 수 있는 일이 없습니다.

- 자신에게 면죄부를 주면 스스로 문제를 해결해야 하는 책임에서 해방됩니다.

- 그렇기 때문에 몸은 편하지만 문제가 해결되지 않습니다.

문제의 원인을 내 안에서 찾고, 적극적으로 우울증을 치료하면 인생이 행복해집니다. 그렇게 되면 더 이상 외로움이 고통스럽지도 않습니다.

🔓 복수심의 근원

> Q: 오랜 시간이 지났는데도 학창 시절 괴롭힘 당한 기억 때문에 매일 괴롭습니다. 그 사람들에게 복수하고 싶다는 충동이 강하게 듭니다. 저는 어떻게 해야 좋을까요?

> A: 저 역시 그랬던 시절이 있었기에 이해는 됩니다. 하지만 왜 그렇게까지 병적으로 힘들어했는지 논리적으로 설명은 되지 않았습니다.

모든 문제에는 원인이 있고, 원인을 찾으면 해결방법도 나옵니다. 그렇다면 복수심의 원인은 과연 무엇일까요?

제가 내린 결론은 이렇습니다.
복수심은 원시시대 진화의 산물입니다.

300만 년 전 인류의 조상은 나무에서 내려온 이후부터 사냥과 수렵으로 목숨을 연명했습니다. 그 오랜 세월 동안 사냥을 하고, 또 사냥을 당하는 역사를 반복해 왔습니다.

어느 날 원시인 3명이 사냥을 나갔다가 호랑이를 만났습니다. 그리고 그 중에서 한 명이 호랑이에게 물려 죽었습니다. 2명의 원시인은 살아남았습니다.

원시인 A는 잠깐 동안 놀랐지만 금방 감정이 가라앉았습니다.
원시인 B는 동료의 죽음에 크나큰 슬픔을 느꼈고, 자신에게 이런 엄청난 고통을 안겨준 호랑이에게 복수하기로 다짐했습니다.

B는 호랑이가 자주 나타나는 지역의 나무 아래에 깊은 구덩이를 팠습니다. 그리고 구덩이 바닥에 뾰족한 나뭇가지를 박아 놓고, 구덩이 입구를 나뭇가지로 덮어서 보이지 않게 위장했습니다.

며칠간 잠복해 있던 B는 호랑이가 나타나자 스스로 모습을 드러내고 호랑이를 유인합니다. 호랑이가 B를 보고 쫓아오자 재빨리 도망가서 나무 위로 올라갔습니다.
뒤쫓아오던 호랑이는 구덩이 빠졌고 나뭇가지에 찔려 상처를 입었습니다. 나무에서 내려온 B는 다친 호랑이를 바위와 창으로 복수합니다.

호랑이를 죽인 B는 이제 안전해졌습니다. 그후에 배우자를 만나 자식도 낳고 가정을 꾸려 나갑니다. 복수심의 유전자가 다음 세대로 전해졌습니다.

A는 어떻게 되었을까요? 동료의 죽음에 대한 특별한 감정이 없는 A는 아무런 대비책 없이 다시 사냥을 나갔다가 들짐승의 밥이 되었습니다. 그래서 A는 2세를 낳지 못했고, 용서의 유전자는 후세에 전해지지 못했습니다.

이런 과정이 수백만 년 동안 계속 반복되어 오늘날의 우리가 탄생하게 되었습니다. 원시시대에는 '적자생존'과 '약육강식'이 불문율의 법칙이었습니다.

하지만 현재는 그렇지 않습니다. 누군가에게 피해를 입었다면 가장 좋은 대비책은 그 사람과 다시 만나지 않는 것입니다. 만약 그래도 복수하고 싶다면 법에 호소하면 알아서 처리해 줍니다. 내가 나서서 복수를 해야 할 필요가 없습니다.

복수심뿐만이 아닙니다. '질투심', 그리고 '배우자의 외도에 대한 분노'

등등, 대부분의 부정적 감정은 원시시대의 유산입니다. 21세기를 사는 우리들에게는 별 의미 없는 타임캡슐에서 나온 생존 본능입니다.

이제부터 마음의 동요가 일어날 때 이렇게 하십시오.
① 우선 그 장소를 벗어나야 합니다.
② 흥분한 감정이 가라앉을 때까지 기다렸다가,
③ 차분하게 다음 질문의 답을 생각해 보시기 바랍니다.
'왜 내 마음은 이런 불필요한 부정적 에너지를 쏟아내는가?'

그 원인을 안다는 것만으로도, "부정적인 감정은 환상에 대한 두려움에 불과하다"라는 사실을 안다는 것만으로도 감정을 다스리는데 큰 도움이 될 것입니다.

🔒 타인을 사랑하는 방법 - 1

> **Q: 타인을 위해서 봉사하는 사람들은 어떤 비결이 있는 걸까요?**

> **A: 다른 사람을 내 몸과 같이 사랑하는 비결에 대해서 말씀드리겠습니다. 우선 연애는 사랑과 다르다는 사실을 말씀드려야 할 것 같습니다. 모든 사람들이 연애를 시작하는 이유는 자신이 사랑받기 위함입니다. 남에게 사랑을 베풀기 위해서 연애를 시작하는 사람은 없습니다.**

정말로 사랑이 가득한 사람이라면 왜 불쌍한 사람들을 놔두고 굳이 젊고 잘 생기고 좋은 직업을 가진 사람과 연애를 하려고 하겠습니까?

그렇기 때문에 연애를 통해서는 원하는 것을 얻을 수가 없습니다. 연애는 두 사람 모두 준비가 갖춰진 이후에 시작해야 양쪽 모두 상처받지 않습니다.

> **Q: 그렇다면 예수님, 부처님, 마더 테레사, 이태석 신부님처럼 타인을 위해 희생하신 분들의 비결은 무엇일까요?**

> **A: 우선 이것을 명심해야 합니다.**
> *성현들은 자신의 행동이 희생이라고 생각하지 않았습니다.*

희생이 아니었기 때문에 평생을 남들을 위해 헌신하는 삶을 살 수 있었습니다.

타인을 사랑하기 위해서는 먼저 내가 나 자신을 사랑해야 합니다. 내 안에 사랑이 가득 차야 그 사랑이 흘러넘쳐서 주변 사람들에게 나눠줄 수 있습니다.

경제원리 중에서 '낙수효과'는 현실에서 적용되지 않는다고 결론 났지만, 마음의 낙수효과는 진리입니다.

> Q: 그렇다면 어떻게 해야 나 자신을 사랑할 수 있을까요? 자존감이 높은 사람은 보통 사람들과 무엇이 다른 걸까요?

> A: 선천적인 부분이나 부모의 영향은 무시하겠습니다. 분명 영향은 있지만 후천적으로 바꿀 수 없는 요소이기 때문입니다.

(1) 나 자신을 사랑하기 위해서 가장 중요한 조건은 바로 '건강'입니다. 몸이 건강한 사람은 아무것도 하지 않아도, 누구의 도움 없이도 늘 행복합니다.

반면에 몸이 불편한 사람은 항상 불안하고, 우울합니다. 누군가에게 의지할 수밖에 없습니다. 이런 상태에서는 나 자신도 사랑할 수 없고, 남을 사랑해줄 여유도 없습니다.

뚜렷한 병명이 없다 하더라도 혈액순환이 약하면 자신도 모르게 미세한 통증이 따라다니고 이유 없이 불안합니다. 그러면 사람은 몸의 불편함을 잊으려고 무언 가에 관심을 돌리고 중독에 빠지기 쉽습니다.
(술, 담배, 자극적인 음식, 마약, 연애, 도박, 게임, 친구)

(2) 나 자신을 사랑하기 위한 2번째 조건은 '좋아하는 직업'입니다. 인생에서 가장 큰 기쁨은 자신이 하고 싶은 일을 찾아서 그 일을 마음껏 즐기는 것입니다. 인생도 행복해지고 돈도 벌 수 있습니다.

적어도 연애를 하려면 1번째와 2번째까지는 갖춘 이후에 시작해야 실패하지 않습니다. 주변에 연애 혹은 부부갈등 문제로 힘들어하는 사람들을 자세히 관찰해보십시오. 취향 문제가 아니라 분명 누군가에게 부족한 점이 있을 겁니다.

> (3) 나 자신을 사랑하기 위한 3번째 조건은 '명상'입니다. 명상은 누구에게도 의지하지 않고, 어떤 사물에도 의지하고 않고, 행복한 상태에 머무는 것입니다.
>
> 그 무엇도 필요하지 않기 때문에 언제 어디서든 원하기만 하면 명상을 통해서 행복한 상태에 도달할 수 있습니다. 이것이 가능해지면 우리는 온갖 스트레스와 집착에서 자유로워질 수 있습니다.
>
> 그런데 명상은 모든 사람이 다 되는 것은 아닙니다. 눈을 감고 편안히 누워서 아무것도 안 했을 때 왠지 불편하거나 잡생각이 꼬리를 물고 따라다닌다면, 뭔가 이유가 있습니다. 그 원인을 해결한 후에 명상에 들어가야 합니다.
> 대표적인 원인은 바로 '건강 악화'입니다. 그래서 언제나 건강이 제일 중요합니다.

 이 정도 준비가 갖춰지면 나 자신을 사랑하고 다른 사람이나 사물의 도움 없이도 행복하게 살 수 있습니다. 그러나 예수님이나 부처님처럼 남들을 내 몸과 같이 사랑하려면 이것만으로는 부족합니다.

🔓 타인을 사랑하는 방법 – 2

Q: 성현들처럼 남들을 조건 없이 사랑하려면 어떤 준비가 더 필요한가요?

A: 성현들처럼 의식이 성장하기 위해서 스님들이나 고행자들처럼 폭포수 아래서 수련하거나 수십 년간 경전을 읽을 필요는 없습니다.

그 대신 2가지를 기억하면 됩니다.

(1) 첫째로 이것을 기억하시기 바랍니다.
 나는 다시 이 땅에 돌아옵니다. 그러나 누구의 자식으로 태어날지는 알 수 없습니다.

사람은 본능적으로 자신의 후손에게 많은 재산을 물려주고 싶어 합니다. 그 이유는 사람의 무의식은 자신이 다음번에 환생했을 때 지금과 가장 유사한 인생을 다시 살아보고 싶어 하기 때문입니다. 이번 생애를 뒤돌아볼 때 후회가 많기 때문에 돌이키고 싶어 합니다. 그러기 위해서는 다음 생애에 자기 후손의 자식으로 태어나는 것이 가장 좋은 방법입니다. 현재의 자신의 유전형질과 주변 환경이 가장 비슷하기 때문입니다.

그러나 이것은 어디까지나 무의식의 희망사항이지 불가능에 가깝습니다. 『나는 환생을 믿지 않았다』라는 책의 실제 주인공은 수백 번의 환생을 기억해냈지만 자신의 후손으로 태어난 환생은 단 한 번도 없었습니다.

그래서 환생을 대비하는 방법은 바로 이것입니다.

내가 다음 생애에서 행복할 수 있는 가장 확실한 방법은 이 세상 모든 사람들을 행복하게 만드는 것입니다.

그렇게만 된다면 내가 누구의 자식으로 태어나든지 상관없이 다음 번 생애에서 나는 행복한 인생을 살 수 있습니다.

예수님과 부처님은 바로 이 비밀을 깨우치셨기 때문에 보통 사람들과 달랐습니다.

(2) 남들을 사랑하기 위해서 한 가지만 더 명심하면 됩니다.
   모든 사람들의 감정은 나와 연결되어 있습니다.
   내가 행복해질 수 있는 가장 확실한 방법은 내 주변의 모든 사람들을 행복하게 만드는 것입니다.

첫사랑의 강렬한 느낌을 경험해 본 사람들은 그때의 환희를 잊지 못할 것입니다. 함께 있는 두 사람이 서로를 좋아하고, 둘 다 동시에 행복할 때 느껴지는 기쁨의 강렬함은 세상 무엇과도 비할 바가 못됩니다. 그 이유는 이러합니다.

- 사람의 감정은 파장이 되어 주변으로 퍼져 나갑니다. 내가 행복한 감정을 느끼면 행복한 파장이 퍼져 나갑니다. 상대방도 마찬가지입니다.

- 나의 행복한 파장이 상대방에게 전달되고 상대방의 파장은 더욱 커집니다.

- 그러면 상대방의 더 커진 파장이 나에게 전달되어서 나의 파장이

더 커집니다.

- 이 과정이 끝없이 반복되어서 행복한 감정은 무한히 더 커집니다.

진정으로 사랑하는 연인에게 성관계는 극히 작은 부분에 불과합니다. 고려말 공민왕은 노국공주와 성관계를 몇 번밖에 하지 않았음에도 지독히 사랑했습니다. 두 사람의 마음이 통했기에 성관계의 짧은 쾌락이 보잘것없게 느껴졌으리라 생각됩니다.

자신을 사랑할 수 있는 경지에 도달한 두 사람이 서로 감정을 교류한다면 이런 황홀한 상태가 평생 계속될 수 있습니다. 더 이상 상처도 없고 질투도 없습니다.

그리고 이러한 진리를 깨닫게 됩니다.
내가 행복해지는 가장 확실한 방법은 이 세상 모든 사람들이 행복해지는 것입니다.

🎵 타인을 사랑하는 방법 – 3

> Q: 선생님의 말씀은 이론상으로는 맞는 것 같지만, 과연 그 이론이 현실에서 실현 가능할까요?

> A: 성현들이 타인을 위해서 희생할 수 있었던 이유는 '이 세상 모든 사람들은 나 자신과 같다'라고 생각했기 때문입니다. 그 이유는 남들이 모르는 세상의 법칙 몇 가지를 알고 있었기 때문입니다.
> 이 원리를 설명하기 위해서 최근에 있었던 사회적 진화를 예시로 들어보겠습니다.

   제가 어릴 때 자랐던 한국은 군사독재정권 시절이었습니다. 노동자들은 노예처럼 일했고, 학생들은 체벌 받는 것이 당연했으며, 여자와 어린아이들은 남자와 어른의 말에 무조건 복종해야 했습니다. 모든 한국인들이 자신보다 아랫사람들에게 잔소리와 폭언을 일상적으로 했습니다.

   많은 한국인들이 우울증 환자였지만 자신이 아프다는 사실을 몰랐습니다. 현실이 암울했기 때문에 기분이 안 좋은 것은 당연하다고 생각했기 때문입니다.

   저의 부모 세대는 전쟁을 겪었고, 밥을 굶는 일도 흔했습니다. 저의 조부모 세대는 일제 식민지를 겪었습니다. 식민지 시대의 한국인들은 쌀밥을 먹지 못했습니다. 많은 젊은 여성들은 성노예가 되어 전쟁터로 끌려갔고, 많은 남성들은 강제로 일본으로 끌려가서 일만 하다가 돌아오지 못했습니다. 제 친할아버지도 그분들 중 하나였습니다.

   제 부모 세대는 조부모 세대보다는 살기가 나아졌고, 저희 세대는 그보다 좀 더 나아졌습니다. 1980년대부터 민주화운동이 활발해졌고, 많은 사람들의 희생으로 독재정권을 몰아내고 민주주의 국가를 이룩했습니다. 저보다 다음 세대는 경제적 여유와 인권 모두 풍요로운 세상에서 자랐습니다.

 안타깝게도 한국은 여전히 자살률이 세계 최고 수준입니다. 그래서 젊은 세대는 자신들이 불행하다고 생각합니다.
 하지만 그건 사실이 아닙니다. 한국의 자살률이 높은 이유는 노인들의 빈곤 때문입니다. 젊은 세대의 자살률은 노인들에 비하면 훨씬 낮습니다.

 그리고 지금의 한국인들은 제가 어릴 때와는 비교도 안 될 정도로 너그러워졌고, 심리적으로 여유로워졌습니다. 한국의 경제적 풍요와 약자에 대한 인권은 단기간에 비약적으로 성장했습니다.
 그런데도 젊은 세대가 세상이 각박하다고 느끼는 이유는 아직 한국은 과도기에 있기 때문입니다. 모든 세대에 걸쳐서 우울증이 퍼져 있기 때문에 좋은 환경에서 자란 사람도 주변 사람들에게 심리적인 영향을 받게 됩니다.

 한국은 몇십 년밖에 안 되는 극히 짧은 기간에 경제적, 정치적으로 눈부신 발전을 이룩했습니다. 그렇기 때문에 국민들의 의식 수준이 현실을 따라가지 못하고 있습니다.
 알파 세대(2010년 이후 출생자)가 성인이 될 때면 국민들의 의식 수준은 지금보다 더욱 발전할 것이고, 그러면 적어도 Z세대보다 더 행복해질 것입니다. 남들보다 더 잘나지 않아도, 더 많이 소유하지 않아도, 민주주의 국가에서 산다는 것만으로도 기뻐하게 될 것입니다.

 지금의 한국이 있기까지 많은 선구자들의 희생이 있었습니다. 돈 잘 벌던 사업가와 능력 있는 변호사들, 그리고 명문대 대학생들이 불의를 참지 못하고 정치판에 뛰어들어서 세상을 바꾸었습니다. 독재정권의 납치, 감금, 고문이 끊이지 않았지만 그분들은 굴하지 않았습니다.

성현들이 추구하는 목표가 바로 이런 것입니다.

세상 모든 사람들이 모두 행복해져서 나도 행복한 에너지의 파장을 받는 것.

다음 세대가 더 행복해져서 내가 환생한 후에 누구의 자식으로 태어나더라도 행복하게 사는 것.

🔒 실패하는 대인관계

> Q: 왜 저는 매번 대인관계에 실패하는 걸까요?

> A: 제가 한가지 이야기를 들려드리겠습니다. 이 이야기에서 힌트를 발견해 보시기 바랍니다.

한나는 어릴 때부터 몸이 허약했습니다. 늘 무기력했고 몸이 불편하니 누군가에게 의지하고 싶어 했습니다.

찰리는 어릴 때 부모에게 사랑받지 못했고 우울증이 있었습니다. 매사에 의욕이 없고 마음이 공허했습니다.

한나는 찰리를 만나서 모성애를 느꼈습니다. 찰리의 상처 받은 마음을 위로해 주고 싶었습니다. 실은 한나가 찰리에게 의지하고 싶어 했습니다. 한나는 누군가의 관심을 받고 싶었습니다. 한나는 자신이 찰리에게 필요한 사람이 되면 찰리가 영원히 떠나지 않고 옆에 있어줄 거라고 예상했습니다.

찰리도 마찬가지였습니다. 찰리는 평생 동안 자신을 사랑해줄 사람을 찾아 다녔고 한나를 만났을 때 '마침내 나의 천국을 찾았다'라고 확신했습니다.

한나는 찰리를 만나서 미래가 행복할 거라는 상상에 기뻤고, 호르몬이 솟구쳤으며, 플라시보 효과가 작용했습니다. 한나는 찰리에게 행동으로 사랑을 주었고, 행복한 감정은 파동이 되어서 찰리에게 전달 되었습니다.

찰리도 한나를 만나서 행복했고, 내면의 행복한 감정은 파동이 되어서 한나에게 전달 되었습니다.

한나와 찰리는 함께 있을 때 서로의 감정이 기쁨으로 충만해지는 경험을 했습니다.

안타깝게도 한나와 찰리는 건강이 안 좋았습니다. 플라시보 효과도 오래 가지 못했습니다. 건강이 안 좋은 한나는 예전의 무기력한 상태로 되돌아갔습니다. 한나가 찰리에게 전달하는 파장은 더 이상 기쁜 감정이 아니었습니다.

찰리는 한나와 함께 있을 때 우울증이 다 나았다고 착각했습니다. 그러나 안 좋은 일이 생길 때마다 우울증은 다시 찾아왔습니다. 찰리는 한나와 함께 있을 때 더 이상 행복하지 않았습니다.

더 시간이 지나서 둘이 함께 있을 때 오히려 더 불안하고 기분이 안 좋아졌습니다. 가슴 속 우울한 감정이 파장이 되어 상대방에 전달되었기 때문입니다. 두 사람은 자신에게 문제가 있다는 것을 인정하지 못하고 상대방을 비방하기 시작했습니다.

지친 두 사람은 시간을 갖기로 했습니다. 처음 헤어졌을 때는 감정이 불안정했습니다. 현재 감정 상태가 불안하기 때문에 힘들었던 순간의 기억이 떠올랐습니다.

한나와 찰리는 각자 자신을 돌보기 시작했고 두 사람의 감정은 안정을 찾았습니다. 감정이 평온을 되찾으니 행복했던 순간의 기억이 떠올랐습니다.

찰리는 행복했던 그 시기로 되돌아가고 싶어 했고 용기를 내어 한나에게 다시 기회를 달라고 손을 내밀었습니다. 그때는 한나도 안정을 찾은 상태였고 연애 초기 시절을 그리워하고 있었습니다.

두 사람은 다시 재회했고 같은 과정을 다시 반복했습니다. 서로 사랑과 행복을 나누어 주고, 서로에게 실망하며, 상대방을 저주하는 과정을 또 한번 답습했습니다.

두 사람은 헤어졌다가 시간이 지나서 다시 안정을 찾았습니다. 그리고 이번에는 한나가 먼저 손을 내밀었습니다. 두 사람은 또 한번 같은 과정을 반복했고 그 후로 완전히 남남이 되었습니다.

두 사람이 대인관계에 실패한 원인은 각자 본인 자신에게 있었습니다. 한나와 찰리가 대인관계에 실패한 원인은 건강이 안 좋았기 때문입니다. 건강이 안 좋은 상태에서는 상대방에게 주고 싶은 마음보다 받으려는 마음이 더 강합니다.

🔓 성공하는 대인관계

> Q: 두 사람은 문제의 원인을 깨닫고 스스로 문제를 해결했나요?

> A: 찰리는 한나와의 관계가 실패한 원인이 한나 때문이라고 생각했습니다. 찰리의 생각으로는 자신에게 책임이 없기 때문에 자신이 노력해야 할 이유도 없었습니다.

그후로 찰리는 제인을 만났습니다. 제인은 활발했으며 매사에 긍정적인 사람이었습니다. 찰리와 제인은 서로를 사랑했습니다. 찰리는 제인을 놓치고 싶지 않았고 제인에게 많이 의지했습니다.

제인은 참을성도 많았습니다. 그러나 시간이 지나자 제인은 자신에게 의지하기만 하는 찰리를 감당할 수가 없었습니다. 결국 또 찰리는 혼자가 되었습니다.

이번에도 찰리는 제인과의 관계가 제인 때문에 실패했다고 생각했습니다. 그 후로 찰리는 새로운 사람을 만나고, 사랑하고, 싸우고, 헤어지기를 반복했습니다.

> Q: 찰리는 자신을 돌아보는데 실패했군요. 한나는 어떻게 되었나요?

> A: 한나는 찰리와 헤어진 후에 생각에 잠겼습니다. 한나도 실패의 원인이 찰리 때문이라고 생각했습니다. 한나의 생각으로는 자신에게는 책임이 없기 때문에 자신이 노력해야 할 이유도 없었습니다.

그후로 한나는 존을 만났습니다. 존은 사려 깊고 배려심이 많은 사람이었습니다. 한나는 이제서야 운명의 상대를 찾았다고 확신했습니다. 처음에는 두 사람 모두 서로를 사랑했지만 한나는 존에게 의지했고 결국 존은 지쳐서 떠나갔습니다.

한나는 존이 분명 좋은 사람이었는데 왜 연애에 실패했는지를 이해할 수 없었습니다. 한나는 운이 안 좋았다고 생각하고 다음 번에는 실패하지 않으리라 다짐했습니다.

그 후에 한나는 사이몬을 만났으나 역시 두 사람의 관계는 오래가지 못했습니다. 이제까지의 관계들처럼 한나는 사이몬과 행복한 시간을 보낸 후에 권태기가 찾아왔고, 상대방을 비방했고, 다시 혼자가 되었습니다.

한나는 깊은 고민에 빠졌습니다. 존과 사이몬은 둘 다 좋은 사람들이었습니다. 다정하고 인내심이 많으며 배려심도 많은 사람들이었습니다. 좋은 사람들과의 관계에서 두 번이나 실패했으니 이건 우연이 아니었고, 상대방의 잘못도 아니라고 생각했습니다. 마침내 한나는 자신에게 문제가 있다는 결론을 내렸습니다.

한나는 자신의 어린 시절을 되돌아보았습니다. 어린 시절의 한나는 에너지가 넘쳤고, 자주 웃었으며, 사람들에게 친절했습니다. 한나가 친구들과 사이가 서먹해진 시점은 한나에게 우울증이 찾아왔던 시기와 일치했습니다.

한나는 오랜 고민 끝에 자신의 건강이 대인관계에 영향을 준다는 사실을 발견했습니다. 그 후로 한나는 자신의 건강을 최우선 순위에 두고 열심히 노력했습니다. 수많은 시행착오 끝에 자신에게 적합한 건강법을 발견했고, 모든 생활습관을 건강하게 바꾸었습니다.

몇 년이 지나서 한나는 건강해졌고 더 이상 불행하지 않았습니다. 남에게 의지할 필요도 없어졌습니다. 주변 사람들을 기쁜 마음으로 도와주었고 보답을 기대하지 않았습니다.

주변 남자들은 한나의 따뜻한 마음씨와 긍정적인 에너지에 매료 되었습니다. 그 중 몇 명의 남자들은 한나에게 고백했지만 한나는 모두 거절했습니다. 상대방에게 의지하는 관계는 모두에게 피해만 준다는 사실을 경험으로 깨달았기 때문입니다.

얼마 지나서 한나는 우연히 길에서 존을 만났습니다. 존과 헤어질 때 한나는 자신을 떠나가는 존을 원망했습니다. 지금의 한나는 존에 대한 원망은 모두 잊었습니다. 오히려 존에 대한 미안한 감정이 컸습니다. 한나는 이렇게 생각했습니다. '지금의 나는 예전과 달라졌고 다시 재결합하면 존에게 보답할 자신이 있어.'
존도 한나를 만나서 반가웠습니다. 한나가 데이트를 제안하면 다시 재결합할 의향이 있었습니다.

한나는 아주 짧은 시간 동안 많은 생각을 했고 결국 인사만 하고 존과 헤어졌습니다. 찰리와의 재결합에서 실패했듯이 존과 재결합하면 자신이 예전의 무기력했던 한나로 되돌아갈 가능성이 매우 높았기 때문입니다. 한나는 또 다시 존에게 상처를 주는 위험을 감수하기 보다는 좋은 추억으로 간직하는 쪽을 선택했습니다.

몇 달 후에 한나는 봉사단체에 가입해서 알게 된 데이빗과 만남을 이어 나갔습니다. 한나는 데이빗에게 많은 것을 바라지 않았고 사랑을 많이 주지도 않았습니다.

데이빗도 마찬가지였습니다. 데이빗은 활동적인 사람이었고 자신의 일은 스스로 처리했습니다. 두 사람은 서로 많은 사랑을 주지는 않았지만 상대방에게 바라지도 않았습니다. 두 사람이 함께 있는 것만으로도 기쁨이 넘쳤습니다.

두 사람의 행복은 오랫동안 유지되었습니다. 두 사람의 취미나 성향은 달랐지만 문제가 되지는 않았습니다. 두 사람 모두 건강하기 때문에 언제나 행복한 파장이 상대방에게 전달되었기 때문입니다.

한나는 마침내 몸의 건강과 마음의 평화, 그리고 대인관계의 안정을 찾았습니다. 가끔씩 한나는 존을 떠올리면서 좋은 사람을 만나서 행복하기를 기원합니다.

과거에 힘들었던 순간이 기억날 때면 한나는 찰리를 생각합니다. 한나는 자신이 했던 것들을 찰리도 할 수 있기를 기원합니다. 찰리가 자신에게서 문제의 원인을 찾고 자신의 문제를 스스로 해결하기를 기원합니다.
한나의 상상 속에서 찰리는 행복한 미소를 짓습니다.

동성애의 사회적 치료 방법

> Q: 2014년 12월 서울시에서 동성애자의 평등권을 법으로 제정하려는 시도가 있었으나 종교 단체의 반대로 무산되었습니다.
> 이유는 '동성애는 망국의 지름길'이라는 논리 때문이었습니다. 그러니까 '동성애가 만연하면 인구가 줄어들어서 국가가 패망한다'는 논리입니다.
> 동성애도 병인가요? 병이라면 동성애를 치료할 수 있는 방법이 있을까요?

> A: 동성애를 사회적 질병으로 인식하는 분들께 그 치유방법을 알려드리겠습니다. 동성애에 대한 편견이 없는 분들은 다음 장으로 넘어가시면 됩니다.

동성애도 생존과 번식에 유리하기 때문에 자연적으로 발생한 유전형질입니다. 불과 백 년 전만 해도 유아의 사망률은 지금과는 비교도 안 될 정도로 심각했습니다. 부모가 식량을 구하러 외출했을 때 자식이 없는 형제자매가 조카들을 돌봐주면 유아들의 생존율이 높아집니다. 본인은 자식을 낳지 못하더라도 조카들을 양육함으로써 자신의 유전자를 후대에 물려줄 수 있는 것입니다. 이것이 동성애 유전자가 존재하는 이유입니다.

생존과 번식에 도움이 되는 유전형질은 후손들에게 전해지고, 그렇지 않은 유전형질은 사라집니다. 이것이 자연의 법칙입니다.

역사적으로 국가와 종교와 가문은 온갖 정당성을 내세워서 동성애를 인정하지 않았고, 죄악으로 몰아붙였습니다.
중세시대에는 동성애를 악마의 행위로 규정했고, 동성애 성향이 발각되면 그 대가는 죽음이었습니다. 그래서 동성애자들은 자신의 정체성을 숨기고 일반인들처럼 위장해서 살아야 했습니다. 그 결과로 동성애 유전자는 자손들에게 계속 대물림 되었습니다. 동성애를 인정하지 않는 사회적 풍토가 결국 동성애를 더 퍼지게 만들었습니다.

동성애가 사회적, 유전적 질병이라면 그것을 치유하는 방법은 바로 이것입니다.

동성애의 사회적 치료 방법: 동성애를 인정하고 동성애자들을 평등하게 대우하여 가정을 일구어 살 수 있게 해준다.

이렇게 되면 동성애자들끼리 함께 살게 되고 자식을 낳지 않게 됩니다. 결과적으로 동성애 유전자가 후손에게 전해지지 않습니다. 그러면 시간이 지나서 몇 세대 후에는 동성애자들이 극소수로 줄어들게 될 것입니다.

🔒 잘못된 짝사랑

> Q: 저는 평범한 직장인 남자입니다. 제가 요즘 큰 고민이 있는데 그게 바로 짝사랑 고민이에요. 제가 지금 짝사랑하고 있는 그녀는 감히 사랑해선 안 되는 대상이랍니다. 왜냐하면 유부녀거든요.
>
> 근데 그녀가 요즘 들어 자꾸 더 많이 생각나서 미치겠어요. 어떡하죠? 근데 제가 연애를 해본 적 없는 모태솔로라서 고백도 어떻게 해야 할지 모르겠어요.
>
> 보통 고백은 어떻게 하나요. 유부녀들은 뭐 좋아하나요? 케이크 안에 반지 넣어서 주면 받아줄까요? 정말 고민이 많습니다.

> A: 남녀가 연애를 해서 동화처럼 행복한 결말로 끝나는 경우가 몇 퍼센트나 될까요?
> 주변에 연애하는 커플을 지켜보십시오. 해피엔딩으로 끝나는 커플은 열에 하나도 되지 않습니다. 그 이유가 뭐라고 생각하십니까?

사람은 누구나 자신이 꿈꾸는 이상형이 현실에 존재한다고 생각합니다. 그래서 자신의 환상과 유사한 사람을 만나면 '내가 이제까지 꿈꿔왔던 천국이 여기 실제 하는구나'라는 착각에 빠지게 됩니다. 그리고 불꽃 튀는 연애를 시작합니다.

그러나 뜨거운 감정은 오래가지 못합니다. 자신의 상상은 어디까지나 환상에 불과하기 때문입니다. 머지않아 자신이 바라던 그 사람이 아니라는 사실을 깨닫고 다른 환상을 찾아 헤매기 시작합니다. 그래서 성장은 더 많이 가지는 것이 아니라 포기에 더 가깝습니다.

내담자님이 사모하는 사람은 이 세상에 존재하지 않습니다. 존재한다고 착각하는 것뿐입니다. 세상 모든 연애가 다 그러합니다. 그 누구도 나의 환상을 충족시켜주지 못합니다.

상대가 미혼이라면 경험 삼아 사귀어 보라고 권해 드리겠지만, 어차피 실패로 끝날 연애를 가정 파괴범이 되면서까지 하실 필요는 없다고 봅니다.

연애를 간절히 하고 싶다면 다른 사람을 찾으시기 바랍니다. 어차피 이 사람이나 저 사람이나 내 환상과 조금 더 가깝고 멀고의 차이가 있을 뿐, 누구도 나를 만족시켜 줄 수는 없으니까요.

건강

🎵 이제마를 찾아온 여인

> Q: 저는 하체보다 상체가 발달했고, 몸이 유연하며, 머리 쓰는 일보다 몸 쓰는 일을 좋아합니다. 성격은 시원시원한 스타일입니다. 제 사상체질은 어떤 타입일까요?

> A: 사상체질을 창시한 이제마 선생의 일화를 하나 소개하겠습니다. 이제마 선생이 체질의학을 창시한 후 어떤 아낙이 자신의 체질을 알고 싶어서 찾아왔습니다.

"안으로 들어오시지요."

아낙을 집안으로 들인 이제마는 여인의 얼굴을 살핀 후에 이렇게 말합니다.

"체질을 알려면 신체의 특성을 봐야 하니 옷을 벗으시지요."

주: 이제마 선생이 처음 사상체질을 창시했을 때는 얼굴 형태와 신체적 특성을 살펴서 체질을 판단했습니다. 맥을 짚는 방식은 그 이후에 시행착오를 통해서 발견한 것이고, 오링테스트는 현대에 와서 이명복 박사가 처음 시도한 방법입니다.

여인은 이 말을 듣고 소스라치게 놀랍니다. 그때 당시는 남녀가 한방에 같이 있는 것만으로도 문제가 되는 시대였으니 당연하지요.

"어떻게 외간 남자 앞에서 옷을 벗으란 말입니까?"

"어쩔 수가 없소이다. 체질을 알려면 몸을 보아야 합니다. 어서 벗으시지요."

"안 돼요. 절대 벗을 수 없어욧."

여인이 완강하게 거부하자 이제마는 완력을 사용합니다. 힘으로 여인을 제압하고 옷을 벗기려 했습니다. 그러자 놀란 여인이 이제마의 뺨에 싸대기를 날리고 방을 빠져나갔습니다.
하이파이브가 얼굴에 새겨진 이제마는 바닥에 드러누운 채 이렇게 중얼거렸습니다.

"음… 소양인이로군."

어떤 체질 의학자가 경찰과 조직폭력배를 관찰해봤더니 경찰 중에 소양인이 많고, 조직폭력배 중에도 역시 소양인이 많았답니다.
소양인은 의리가 강하고, 머리를 쓰기보다는 몸을 사용하기를 좋아합니다. 운동선수 중에도 역시 소양인이 많습니다. 신체조건이 좋기 때문입니다.

여왕벌은 태어나지 않는다

> Q: 저는 타고난 체질이 허약합니다. 노력으로 체질을 바꿀 수 있을까요?

> A: 꿀벌 얘기를 해드리겠습니다. 꿀벌은 3가지 종류로 분류됩니다.

- 수벌은 일은 하지 않고 여왕벌과 교미만 합니다. 교미하고 나서 자식 얼굴을 보지도 못하고 곧바로 죽습니다. 교미가 인생의 목적인 셈이지요.

- 암벌은 평생 동안 일만 합니다. 교미도 하지 않고 자식을 낳지도 않습니다. 무조건 일만 하는 건 아닙니다. 하루 평균 6시간 정도 일을 합니다. 개체 수가 워낙 많고 부지런히 일하기 때문에 노동시간이 많아 보이는 것뿐입니다.

- 마지막으로 여왕벌이 있습니다. 평생 동안 하는 일은 알을 낳는 것이 전부입니다. 혼자서 수만 개의 알을 낳습니다.

그렇다면 만약 벌집에서 여왕벌이 죽으면 어떻게 될까요?
답은 '여왕벌이 없어져도 벌들은 혼란에 빠지지 않는다'입니다. 새로 태어난 암컷 유충에게 로열제리를 먹이면 그 유충은 여왕벌로 자랍니다.

암컷 유충이 꿀을 먹고 자라면 일벌이 되고, 암컷 유충이 로열제리를 먹고 자라면 여왕벌이 됩니다. 여왕벌은 태어나는 것이 아니라 만들어지는 것입니다.

그럼 문제를 하나 내겠습니다. 여왕개미는 태어날까요? 아니면 만들어질까요?

> Q: 개미도 벌처럼 곤충이니까 후천적으로 만들 수 있지 않을까요?

> A: 개미의 경우는 알에서 유충이 나올 때 일개미와 여왕개미가 구분됩니다. 태어나는 것입니다.
> 그런데 만들어지기도 합니다. 여왕개미가 알을 낳으면 알에 페로몬을 쏘입니다. 이때 어떤 페로몬에 노출되는지에 따라서 일개미가 되기도 하고 여왕개미가 되기도 합니다. 그래서 여왕개미도 만들어집니다.

제가 이 글을 통해서 여러분께 말하고 싶은 주제는 바로 이것입니다.
사람도 노력 여하에 따라서 체질이 바뀔 수 있습니다.

사람은 태어날 때 저마다 개성이 뚜렷이 구분되고 능력의 차이가 나타납니다. 저는 한때 체질의학에 심취했었기 때문에 타고난 개인의 특성이 매우 크다는 것을 잘 알고 있습니다. 그러나 이것은 성장 과정에서 충분히 뒤집힐 수 있습니다.

어떤 환경에서 자라고 어떤 음식을 먹느냐에 따라서 건강체질이 허약체질로 바뀔 수도 있고, 보통 사람이 마이클 조던 같은 슈퍼스타가 될 수도 있습니다.
노력 여하에 따라서 사람의 체질도 바뀔 수 있기 때문입니다.

🔑 나는 아픈가? 아프지 않은가?

> Q: 선생님은 몸이 건강하면 우울증도 좋아지고, 대인관계도 좋아진다고 말씀하셨습니다. 하지만 세상에는 건강하면서 이기적인 사람들이 많습니다.

> A: 그 이유를 설명하기 위해 내 몸이 아픈지, 아프지 않은지를 판단하는 기준에 대해서 말씀드리겠습니다.

> Q: 사람은 누구나 자신이 아픈지, 그렇지 않은지를 당연히 알고 있을 터인데 왜 굳이 이런 얘기를 하는지 이해가 안되네요.

> A: 내 몸이 어딘가 불편하다면, 허리가 쑤시거나 어깨가 결리거나 배가 찌릿하면, 나의 의식은 내가 아프다는 것을 인지합니다.
> 내 몸이 아프다는 것을 알면 나는 병에 걸렸다는 것을 깨닫고 병을 낫게 하기 위해서 조치를 취합니다. 병원에 가서 주사를 맞고, 약국에 가서 약을 사 먹고, 한약방이나 침술원도 돌아다닙니다.

비싼 돈 들인 보람이 있어서 마침내 통증이 사라집니다. 더 이상 내 몸에서 통증을 느끼지 못하게 됩니다.

그러나 이것만 가지고 '아프지 않다'라고 말하기에는 부족합니다. 왜냐하면 병이 있는지 없는지의 기준은 나의 의식이 아니라 무의식의 판단이 정확하기 때문입니다.

몸에 병이 있는데도 증상이 약해서 통증을 느끼지 못하는 경우가 매우 많습니다. 거의 대부분의 사람들이 이에 해당됩니다.

혹은 간경화나 간암처럼 심각한 상태가 되어서야 통증이 느껴지는 병도 있습니다. 이런 종류의 병은 통증이 느껴지면 이미 손쓰기에는 늦었다고 봐야 합니다.

 나의 의식은 느끼지 못하지만 무의식은 내 몸에 병이 있다는 사실을 인지합니다. 그러면 무의식은 나의 의식이 문제를 인지하도록 도와줍니다. 아무 이유도 없이 짜증이 느껴집니다. 혹은 기분이 우울하거나 불안하기도 합니다. 집중력이 떨어져서 공부도 안됩니다. 이는 건강이 안 좋으니 몸을 돌보라는 신호입니다.

 그런데 이때 대부분의 사람들은 웰빙과는 정반대의 행동을 합니다. 맛있는 음식을 먹거나, 멀리 여행을 떠나거나, 쇼핑을 하거나, 이성관계에 몰두하거나, 술, 담배, 도박에 빠져듭니다.

 짜증이 나고 우울한 기분이 드니 몸에 정신을 집중하면 불쾌감이 더 커집니다. 그래서 마음을 몸이 아닌 외부에 두게 됩니다. 이렇게 해서 잠시나마 불쾌한 기분을 잊습니다.

 내 몸이 아픈지 아프지 않은지를 판단하는 간단한 방법이 있습니다. 조용한 방안에 편안히 앉아서 눈을 감고 5분 동안 아무 생각도 하지 않습니다.

 이때 아무런 잡생각도 안 들고 불편한 것도 없다면 그때 비로소 '나는 아프지 않다'라고 말할 수 있습니다.
 실제로 해보면 결코 쉽지 않습니다. 온갖 잡생각이 떠오르고 나랑 별 상관없는 사돈의 팔촌까지 내 머릿속에 왔다 가십니다.

 내 몸에 병이 없으면 마음이 편안해지고 잡생각이 없어집니다. 이 정도는 가능해야 아프지 않다고 말할 수 있습니다.

그래서 잡생각이 많은 사람은 단전호흡을 해서는 안됩니다. 하체가 약한 사람이 단전호흡을 하면 상기해서 두통, 안면홍조, 불면증 등의 증상이 생길 수 있기 때문입니다.

🔓 나는 건강한가? 건강하지 않은가?

> Q: 성현들은 행복해지려면 욕심을 버려야 한다고 말씀하셨습니다. 하지만 그게 맘대로 되지 않습니다. 뭐가 문제일까요?

> A: 사회학자들은 '행복'이란 단어를 이렇게 정의합니다.
> 행복이란 자신이 가지고 있는 범위 안에서 기쁨을 발견하는 능력입니다.

행복이라는 감정을 운동선수의 신체 능력처럼 개인의 능력치로 정의했습니다. 맞는 말입니다.

그러나 불행하게도 현실에서는 그다지 도움이 안 되는 말이기도 합니다. 왜냐하면 사람은 자신이 가지지 못한 것을 얻었을 때 기쁨을 느끼기 때문입니다.

- 쇼핑을 좋아하는 사람은 자신에게 없는 물건을 구입했을 때 기쁨을 느낍니다.

- 예쁜 옷을 입고, 화장하고, 성형수술에 푹 빠진 사람은 자신이 가지지 못한 외모로 변신했을 때 기쁨을 느낍니다.

- 이성과의 연애를 좋아하는 사람은 자신이 가지지 못한 사람을 소유했을 때 기쁨을 느낍니다.

이렇듯 사람은 자신이 가지지 못한 것을 얻었을 때 행복해합니다.
부처님은 이렇게 말씀하셨지요.
모든 근심과 분쟁은 욕심에서 온다.

사회학자들의 말과 동일한 의미로 해석할 수 있습니다.

'욕심을 버리면 행복해진다'는 진리를 모르는 사람은 없습니다. 그러나 옆집 사람이 외제차를 끌고 다니면 나도 가지고 싶고, 시집 잘 간 친구가 명품 가방을 걸치고 다니면 내 시장바구니가 초라해 보입니다.

인도인들이나 태국인들은 가진 것이 한국인들보다 부족한데도 놀랍게도 행복지수가 더 높습니다. 물질적 풍요가 행복의 절대적인 조건이 아니라는 증거입니다.

제 글의 결론은 언제나 같습니다.
욕심은 우울증에서 오고, 우울증은 몸의 질병입니다.
그렇기 때문에 몸이 건강하면 욕심이 사라지고 행복해집니다.

반대로 생각하면 건강이 안 좋으면 욕심이 많아진다는 의미입니다. 왜 그럴까요? 곰곰이 생각해 보면 그 이유를 알 수 있습니다.

건강이 안 좋으면 걸어 다니기 힘듭니다. 버스를 타야 합니다. 건강이 더 안 좋아지면 버스 타는 것조차 버겁습니다. 택시를 타거나 승용차가 있어야 합니다.

옛날에는 신발이나 옷, 밥그릇, 등 필요한 모든 물건들을 개인이 직접 만들어서 사용했습니다. 요즘은 개인이 직접 만드는 것은 화장실에서 만드는 것뿐이고, 나머지는 모두 사서 씁니다. 방법을 몰라서 못 만드는 것도 있지만 할 수 있는데도 안 하는 경우가 많습니다. 체력이 부족하기 때문입니다.

체력으로 건강을 측정하려면 달리기를 해보면 간단히 알 수 있습니다. 10분 이내에 2킬로 미터(운동장 5바퀴)를 달릴 수 있다면 건강하다고 판단할 수 있습니다.

 건강이 안 좋으면 혈액 순환이 느려져서 신체 구석구석에 미세한 통증이 생깁니다. 도파민과 각종 호르몬 분비가 줄어들어서 정신적으로도 우울해집니다.

 그러면 사람은 외부에서 기쁨을 찾으려고 합니다. 결국 생존에 필요 없는 욕심은 건강이 안 좋다는 신호입니다. 건강한 사람은 욕심이 있다 해도 본인 스스로 원하는 것을 성취해낼 수 있습니다. 돈이나 타인의 도움이 필요하지 않습니다.
 건강해지기만 하면 모든 문제가 해결되는 것입니다.

 그러나 한방이든, 양방이든, 침술이든 다른 사람의 도움을 받는 치료법은 근본적인 해결책이 되지 못합니다. 왜냐하면 약과 침술에 의존한 치료법은 겉으로 드러나는 증상만을 감추기 때문입니다. 근본적인 치료가 아니라서 미세하게 불편하고 무기력한 증상은 계속됩니다. 결과적으로 욕구는 오히려 더 강해집니다. 목숨은 부지했지만 치료를 받기 전보다 오히려 더 불행해집니다.

 모든 병은 본인 스스로 불러옵니다. 그렇기 때문에 병을 치료하는 것도 본인이 직접 해야 합니다.
 생활습관을 건강하게 바꾸지 않으면 평생 몸의 노예로 살아야 합니다. 몸은 건강해졌을 때 비로소 영혼을 자유롭게 풀어줍니다.

 시간이 오래 걸리고 환자 본인의 노력이 필요하지만 이것이 근본적인 치료법입니다. 본인 스스로 생활습관을 개선해야만 병을 근본적으로 치료할 수 있으며, 치료를 계속할수록 더 건강해지고, 더 행복해집니다.

🔒 '더 시크릿'에 누락된 비밀

> Q: 전 세계적인 베스트셀러가 되어서 종전의 히트를 기록하며 『해리포터』, 『아바타』의 기록을 갈아치운 책 『더 시크릿』의 주제는 다음과 같습니다. "예수의 기도는 그 즉시 소원이 실현되었습니다. 그런데 보통 사람의 기도는 실현되지 않습니다. 그 이유는 확고한 믿음이 부족하기 때문입니다. 예수는 자신의 기도가 이루어질 것을 조금의 의심도 없이 믿었습니다. 그렇기 때문에 기도가 응답 받은 것입니다."
>
> 그런데 안타깝게도 현실에서는 이 이론이 적용되지 않습니다. 『더 시크릿』에 나오는 비밀을 이제 전 세계 모든 사람들이 알고 있습니다. 그렇다면 전 세계 사람들, 아니 적어도 그 반의 반 정도는 소원이 이루어져야 하지 않을까요?

> A: 『초인생활』이라는 책에 등장하는 10대 후반처럼 보이는 4백 살 먹은 히말라야 성자도 『더 시크릿』과 동일한 가르침을 전해줍니다. 그런 면에서 150년 전에 나온 『초인생활』이 참 많이도 앞서간 책이라는 생각이 듭니다.

『더 시크릿』 책이 베스트셀러가 되고 1년 후에 미국발 서브프라임 모기지 사태를 시작으로 전 세계가 경제공황을 맞이했습니다. 이유가 무엇일까요? 소원을 현실로 실현하는 방법은 알고 있는데 정작 중요한 '믿음'이 부족하기 때문일까요?

네 물론 그럴 수도 있습니다. 그러나 제 생각은 좀 다릅니다.
"기도가 이루어진 사람은 믿음이 강하기 때문이고, 기도에 응답 받지 못한 사람은 믿음이 약하기 때문이다."라는 논리는 오랫동안 종교 지도자들이 교인들을 설득하기 위해 사용한 하나의 모범 답안입니다.

　참고하시라고 제 생각을 말씀드리겠습니다. 예수나 부처같이 극히 일부 사람들의 기도는 그 즉시 응답 받는데 반해서, 보통 사람들의 기도는 응답 받지 못하는 현상에 대해 저는 이것이 해답이라고 생각합니다.

　사람마다 가지고 있는 양기의 세기가 다르기 때문에 상상이 현실로 나타나는 데에 시간의 차이가 있습니다.

　여러분들에게 가능한 이해하기 쉽게 설명드려 보겠습니다. 이 우주는 거대한 거울과 같습니다. 내가 보내는 에너지를 우주는 그대로 증폭해서 다시 나에게 되돌려 보냅니다.

　내가 현실에 불평불만이 가득하다면 우주는 부정적인 에너지를 더 부풀려서 나에게 되돌려 보냅니다. 현실은 더욱 암울해집니다.

　내가 현실이 행복하다고 느끼면 우주는 긍정적인 에너지를 더 부풀려서 나에게 되돌려 보냅니다. 현실은 더욱 풍요로워집니다.
　그래서 우리가 사는 세상은 '빈익빈 부익부'의 법칙을 따르게 됩니다.

　나무나 석유가 불타면 물체가 사라지는 것처럼 보이지만 흩어진 미세한 조각들을 모두 모으면 질량은 그전과 동일합니다. 그런데 우라늄이 핵분열하면 잔해를 모두 모아도 질량이 줄어듭니다. 사라진 질량은 엄청난 에너지로 바뀌게 됩니다. 이것이 원자 폭탄과 원자력 발전소의 원리입니다.

　반대 현상도 일어납니다. 내가 우주로 보낸 에너지가 나에게 다시 되돌아오면 그 에너지가 물질로 바뀝니다. 우주가 되돌려 보내는 에너지의 양이 많으면 많을수록 물질로 변화하는 속도가 더 신속하고 양도 커집니다.

그렇다면 우주가 인간에게 되돌려 보내는 에너지는 모든 사람에게 동일할까요?

조금만 생각하면 그렇지 않다는 것을 알 수 있습니다. 우주가 사람들 각자에게 되돌려주는 에너지의 양은 저마다 다릅니다. 그 이유는 사람들이 우주로 보내는 맨 처음 에너지가 저마다 다르기 때문입니다.

사람이 우주로 보내는 에너지가 저마다 다른 이유는 각자가 가지고 있는 에너지의 양에 차이가 있기 때문입니다.

음양론은 음과 양을 이렇게 설명합니다. '음'은 움츠러드는 성질이 있고 '양'은 발산하는 성질이 강합니다. 몸이 건강한 사람은 단전에 양기가 충만하고 그 양기가 몸에서 발산되어 우주가 증폭해서 다시 되돌려줍니다. 결국 발산한 에너지보다 훨씬 더 많이 받게 되는 것입니다. 양기가 부족해서 몸이 허약한 사람은 발산하는 양기가 적고 당연히 되돌려 받는 에너지도 소량에 불과합니다.

바로 이것이 음양의 원리이고 여기서 해답도 찾을 수 있습니다.

> Q: 선생님의 이론을 증명할 수 있는 믿을 만한 역사적 기록이 있을까요?

> A: 역사적인 인물을 한 명 예로 들겠습니다. 예수나 부처 같은 성현은 아니고 좀 성격이 다른 인물을 모델로 선정해 보겠습니다.

역사적으로 유명한 인물들 중에서 중국 한나라를 건국한 유방만큼 한심한 영웅(?)도 흔하지 않을 것입니다. 천하를 통일한 유방이지만 정작 그 자신은 특별히 잘하는 것도 없고 열심히 노력하지도 않았습니다.

본인은 세상 살아지는 대로 살았는데 주변 사람들이 목숨 걸고 유방을 황제의 자리에 앉혀 놓았습니다. 유방이 잘하는 것이 있다면 술 잘 마시고, 사람들과 대인관계가 좋다는 정도입니다.

유방이란 인물을 분석해 보면 '더 시크릿'의 원리가 작동하는 방식을 알 수 있습니다. 유방이 있는 장소의 하늘에는 항상 자홍색 구름이 머물러 있었다고 합니다. 인물 됨됨이는 백수건달이지만 아무튼 하늘이 내린 사람이라는 의미입니다.

어마어마한 양기가 응집하여 구름 형상으로 보였을 수도 있습니다.
(주: 음양을 색깔로 따지면 '양'이 붉은색, '음'이 파란색입니다. 남자를 '청일점', 여자를 '홍일점'이라고 부르는 건 잘못된 상식입니다. 남자가 붉은색이고, 여자가 푸른색입니다.)

또한 유방은 유난히 주색을 밝혀서 아무리 술을 많이 마셔도 다음날 거뜬했고, 하룻밤에 여러 명의 여자를 품에 안아도 멀쩡했다고 합니다. 보통 사람은 이렇게 하고 싶어도 하지를 못합니다. 몸이 축나서 며칠을 못 버티고 쓰러지거나 황천길로 직행할 것입니다.

항우장사의 괴력에 가려서 유방의 진가가 제대로 드러나지 않은 것뿐이지, 유방은 분명 보통 사람과는 비교도 되지 않는 엄청난 양기의 소유자였습니다. 바로 이 엄청난 양기가 물질을 창조하여 천하를 자신의 손에 넣은 것입니다.

제가 전하고자 하는 법칙은 항상 동일합니다. 몸이 불편하십니까? 인생이 맘대로 되지 않고 힘들기만 합니까? 노력은 하는데 성과가 없습니까? 사람에게 다가가고 싶은데 알아주지 않습니까?

여러분에게 어떤 문제가 있다면 그 문제가 어떤 것이든지 상관없이 해결

책은 단 한 가지입니다. 양기를 쌓고 건강 회복에 전념하십시오. 양기는 물질적 풍요를 만들고, 건강은 모든 일의 근본입니다.

양기가 바로 '더 시크릿'에 누락된 비밀입니다.

🎧 건강은 물방울이 만든 바위의 구멍과 같다

> Q: 음식과 생활습관으로 건강 관리를 하고 있습니다. 그런데 건강을 회복하는 데에 시간이 오래 걸립니다. 더 빠르면서 부작용이 없는 치료법이 있을까요?

> A: 한 방울씩 떨어지는 작은 물방울들이 모여서 단단한 바위에 구멍을 만드는 것처럼 인간의 몸도 서서히 병들어 갑니다. 마찬가지로 다시 회복하는 데에도 많은 시간이 걸립니다.

만약 단기간에 병을 낫게 하는 기적의 약이나 치료법이 있다면 그건 정답이 아닙니다. 이것은 상식적으로 말이 되지 않습니다. 건강도 상식적으로 생각하면 길이 보입니다. 먹는 약이 효과가 좋다면 그건 진통제라고 봐야 합니다.

통증이 있을 때 침을 시술하면 단 몇 분 만에 통증이 사라집니다. 그리고 며칠 후에 다시 원상태로 되돌아갑니다. 이것은 병이 나은 것이 아니라 일시적으로 혈류가 개선되어서 잠시 동안 통증을 못 느끼는 것에 불과합니다.

저는 한 달에 한두 번 꾸준히 사혈을 하고 있습니다. 사혈을 과하게 하지 않았는데도 피가 부족함을 느낀다면 내장기관이 제 역할을 하지 못한다는 의미이고, 그런 경우에는 배꼽 아래 기해혈과 배꼽 위 중완혈에 사혈로 혈전을 제거해야 합니다. 사혈은 효과가 좋지만 무리하면 부작용이 크기 때문에 조급해 하지 말고 느긋하게 치료해야 합니다.

🎵 한의학과 자연의학의 관점 차이 – 다한증

> Q: 어느 날 제가 사무실 직원들과 점심을 먹었는데 직원 중 한 명이 식사하면서 땀을 유난히 많이 흘렸습니다.(이런 증상을 다한증이라고 하더군요) 그 옆에 직원은 한의학 관련 학과를 나와서 지금은 컴퓨터 프로그래머 일을 하고 있습니다. 이 직원은 다한증의 원인을 이렇게 해석하더군요.
> "몸에 열이 많아서 땀으로 열을 식히려는 신체 반응입니다."
> 이 말에 동의하시나요?

> A: 한의학과 자연의학은 유사한 점도 많지만 차이점도 적지 않습니다. 다한증에 대한 자연의학적인 관점은 이러합니다. 자연의학에서는 몸이 차갑기 때문에 음식이나 물을 섭취할 때 땀을 흘리는 것으로 판단합니다.

몸이 차가운 상태에서 음식을 섭취하면 체중이 늘어나서 체온이 더 떨어지게 됩니다. 그래서 체온을 높이기 위해서 뇌는 체중을 줄입니다. 체중을 줄이는 가장 손쉬운 방법이 수분 배출입니다.
〈출처: 냉기를 제거하는 건강혁명〉

사람마다 체질이 다르기 때문에 사람마다 정답이 다를 수 있습니다. 어느 쪽이 맞는지는 본인의 경험에 비추어 스스로 판단하시기 바랍니다.

🎧 감기 & 전염병 건강관리 팁

> Q: 제가 감기에 잘 걸리는데 어제부터 온몸에 통증이 있고 열이 나네요. 독감인지 감기인지 구분이 어렵습니다. 독감과 감기 모두에 도움이 되는 치료법이 있을까요?

> A: 감기 혹은 전염병에 걸렸을 때는 이것을 기억하십시오. 그러면 바이러스를 두려워하지 않아도 됩니다.

- 몸을 따뜻하게 유지하세요.
- 물은 하루에 머그컵 2잔 이하로 드세요.
- 생강 + 대추 + 꿀차를 마시면 몸이 따뜻해집니다.
- 밤 10시 전에 일찍 주무세요.
- 햇빛이 좋을 때, 실외에서 산책을 하십시오.
- 과식은 안 좋습니다. 쌀밥과 채소는 면역력 회복에 도움이 됩니다.

팬데믹 기간에 뉴스를 보면 마트 사재기, 마스크 대란, 동양인 혐오범죄 등이 자주 보여서 안타까웠습니다. 제가 보기에는 각자 접촉을 조심하고 평소에 건강관리만 잘하면 될 텐데 왜 저렇게 호들갑을 떨고 불안해하는지 이해가 안 되었습니다.

해치려는 의도가 전혀 없는 주변 사람들을 경계하고 두려워하는 이유는 전염병을 어떻게 대비해야 할지 모르기 때문입니다.

바이러스는 약이 없으니 불안할 수도 있겠지요. 그렇다면 스스로의 건강을 얼마나 잘 챙겨 왔는지 되돌아볼 필요가 있습니다.

어떤 사람이 평소에 술, 담배, 인스턴트 식품, 가공식품, 과자, 청량음료, 설탕, 등을 먹는데 바이러스를 두려워한다면 이건 앞뒤가 맞지 않습니다.

성장은 뭔가를 더 얻는 것이 아닙니다. 생존에 불필요한 욕심을 버리는 것이 성장입니다.

다이어트

🔑 비만과 건강

> Q: 체중 조절도 건강과 상관이 있나요?

> A: 현대인들은 각종 심각한 성인병에 시달리고 있습니다. 그리고 이 성인병들의 증상은 다르지만 주요 원인은 모두 같습니다.
> 중풍, 당뇨, 뇌졸중, 고혈압, 동맥경화, 심근경색, 내장지방, 암 등 모든 성인병의 주범은 바로 비만입니다.

이미 미국은 '비만'을 질병으로 분류하고 있으며, 그것도 가장 심각한 등급으로 취급하고 있습니다. 절반 이상의 당뇨병 환자는 체중만 줄이면 저절로 낫습니다.

어떤 암전문 의사는 이렇게 말합니다.
암에 걸리는 사람들의 공통점은 고기, 정크푸드, 술, 담배가 아니라 비만입니다.

2024년을 기준으로 한국의 비만 인구는 37.8%, 미국은 73.1%를 넘어섰고, 이제 비만과의 전쟁은 국가적인 과제로 떠올랐습니다.

실패하지 않는 다이어트의 조건

> Q: 다이어트를 시도하는 사람들 중에서 1년 후에 10kg 이상 감량에 성공하는 사람은 1~2%에 불과하다고 합니다. 다이어트에 성공하려면 어떻게 해야 할까요?

> A: 실패하지 않는 다이어트 비법은 다음 조건을 충족해야 합니다.

(1) 다이어트에 실패하지 않으려면 배고프지 않고, 목마르지 않아야 합니다. 배가 고프면 다음 식사 때까지 참지 못하고 간식을 먹거나 식사 때 폭식을 하게 되어 요요 현상의 주범이 됩니다.
목이 마르면 배가 고픈 느낌과 혼동되어 먹고 싶은 것이 많아지고 결국 음식의 유혹에 넘어가기 쉽습니다.

(2) 다이어트에 실패하지 않으려면 자극적인 음식을 피해야 합니다.
맵고, 짜고, 시고, 달고, 자극적인 음식은 자기도 모르게 과식을 하게 만듭니다. 특히 매운 음식이 문제입니다. 한때는 고추에 포함된 캡사이신이 지방을 분해한다고 해서 일본 여성들 사이에서 '고춧가루 다이어트'가 유행했던 시기가 있었습니다.

하나만 알고 둘은 모르기 때문에 이런 실수를 범한 것입니다. 매운 음식을 먹으면 매운 느낌이 계속 입안에 남아서 끝없이 간식거리를 찾게 됩니다. 자극 없는 담백한 음식이 건강에도 좋고 성공적인 다이어트의 지름길입니다.

만약 매운 음식을 먹었다면 우유나 치즈를 먹어서 입 안에 캡사이신 성분을 씻어내야 합니다. 캡사이신은 지용성이라서 물은 별 도움이 되지 않습니다.

(3) 다이어트에 실패하지 않으려면 힘들지 않아야 합니다.

체온이 낮으면 체열을 유지하기 위해서 몸에 지방이 쌓입니다. 지방이 더 이상 쌓이지 않으려면 체온이 올라가야 하는데 체열을 생산하는 신체 부위는 근육입니다. 그래서 다이어트에 성공하고 요요 현상을 피하려면 근육량을 늘려야 합니다.

그러나 무리한 운동은 그 자체로 견디기 힘들 뿐 아니라 체력소모가 많아서 의지를 약하게 만듭니다. 또한 강도 높은 운동이 살 빼는데 그다지 효과적이지도 않습니다. 운동을 시작한 지 30분이 경과해야 지방이 연소되기 시작합니다. 30분이 지나기도 전에 지쳐버리면 다이어트에 도움이 안 됩니다.

빨리 걷기와 가벼운 조깅을 몇 분 간격으로 반복해서 40분 이상 꾸준히 하는 방식이 다이어트에는 더 효과적입니다.

(4) 다이어트를 꾸준히 할 수 있어야 합니다.

다이어트에 실패하는 요인 중 가장 큰 비중을 차지하는 것이 '요요 현상'입니다. 죽자고 애써서 기껏 살을 빼놨더니 금세 다시 원상 복구해버리면 얼마나 허무하겠습니까?

요요 현상이 반복되는 이유는 신진대사율이 낮아서 생기는 문제도 있지만 결국 다이어트를 중단하기 때문에 생기는 현상입니다. 다이어트 기간을 두지 않고 평생 계속한다면 요요 현상도 없습니다.

그래서 다이어트를 할 때는 무리하지 않고 평생 계속할 수 있는 방법을 선택해야 합니다. 즉 생활습관 자체를 바꾸어야 합니다.

🎵 실패 없는 다이어트

| 실패 없는 다이어트 - 음양식 |

> **Q:** 음양식을 실천하는 사람들 중에는 유난히 다이어트가 목적인 분들이 많더군요. 왜 밥과 물을 따로 먹으면 살을 빼는 효과가 있을까요?

> **A:** 여기에는 두 가지 이유를 꼽을 수 있습니다.

(1) 음양식을 하면 노폐물이 줄어들기 때문입니다. 밥과 물을 함께 먹으면 소화가 안 된 음식물은 노폐물이 되어서 몸 안에 남게 됩니다. 밥과 물을 따로 먹으면 음식물이 완전히 연소되어 노폐물이 생성되지 않기 때문에 건강뿐만 아니라 다이어트에도 도움이 됩니다.

(2) 밥과 물을 함께 먹으면 물과 섞인 음식물이 짧은 시간 내에 간과 혈관으로 공급됩니다. 그 결과 필요 이상의 영양분은 지방으로 저장됩니다.
밥과 물을 따로 먹으면 영양분이 천천히 공급되기 때문에 남아도는 에너지가 없어서 살이 찌지 않습니다.

| 실패 없는 다이어트 - 먹는 횟수 줄이기 |

야식을 먹거나 간식을 자주 먹으면 내장이 쉬지 못해서 건강에 해롭습니다. 뿐만 아니라 조금씩 여러 번 먹으면 비만이 됩니다.

간식이나 과일은 식사와 함께 먹고, 하루에 식사 횟수를 1, 2회로 줄이면 다이어트에 효과가 좋습니다. 위장에 무리만 없다면 한 번에 많이 먹는 방식이 여러 번 나눠서 먹는 방식보다 다이어트에 도움이 됩니다.

| 실패 없는 다이어트 – 간헐적 단식 |

하루 24시간 중에서 8시간 동안만 음식을 먹고 나머지 시간 동안 내장을 쉬게 해 주면 자가치유력이 발동되어서 몸이 스스로를 치유합니다. 간헐적 단식은 건강뿐만 아니라 체중 조절에도 효과가 좋습니다.
음양식의 법칙에는 간헐적 단식이 포함되어 있기 때문에 음양식을 실천하는 분들은 간헐적 단식을 위해 따로 식사 시간을 조정할 필요는 없습니다.

| 실패 없는 다이어트 – 원푸드 다이어트 |

한 가지 음식만 먹으면 영양분이 부족해서 살이 빠집니다. 치킨만 먹어도 다이어트가 됩니다.
'원푸드 다이어트'는 많은 사람들이 사용하는 방법이고 그러다 보니 선택하는 음식의 종류도 너무나 다양하고, 실패하는 분들 또한 많습니다.
제가 생각할 때 '원푸드 다이어트'의 가장 큰 실패 원인은 잘못된 음식의 선택에 있습니다. '원푸드 다이어트'는 물 이외에 오로지 한 가지 음식만을 먹어야 하기 때문에 음식의 선택이 가장 중요합니다.

제가 추천해 드릴 원푸드 다이어트 음식은 바로 '곡식'입니다. 식사 때 된밥에 채소 혹은 밑반찬 1, 2가지로 식사를 하십시오. 곡식만 계속 먹으면 영양실조에 걸리지 않습니다.
금기운이 약한 태음인은 현미밥(7분도, 8분도)을 드시고, 목기운이 약한 태양인은 밀떡이나 빵을 드시고, 체질을 모를 때는 옥수수, 혹은 쌀밥을 먹어도 됩니다. 생식은 체질을 가려서 먹어야 합니다만 화식은 체질을 굳이 따지지 않아도 됩니다.

곡식 이외의 다른 음식을 먹지 않으면 음기와 노폐물의 섭취가 줄어들어서 건강도 좋아집니다. 다이어트와 건강이라는 두 마리 토끼를 모두 잡을 수 있습니다.

> Q: 그렇지만 한 가지 음식만 먹으면 맛 없어서 못해요.

> A: 거듭 강조하지만 다이어트는 방법이 아니라 '의지'입니다.

| 실패 없는 다이어트 – 조리하지 않은 식재료 |

인간의 혀는 살이 잘 찌는 음식을 맛있다고 느끼도록 진화했습니다. 맛있는 음식을 먹고 살 빼기는 불가능한 이유가 이 때문입니다.
음식에 열을 가하면 2가지 변화가 일어납니다.
- 영양소 파괴
- 분자구조의 변화로 쉽게 분해됨

열을 가할수록 음식의 영양소는 줄어서 더 많이 먹어야 하고, 같은 양을 먹어도 살은 더 잘 찌게 됩니다. 직화로 구운 고기가 더 맛있는 이유가 이 때문입니다.

생고구마보다 찐 고구마가, 찐 고구마보다 구운 고구마가, 구운 고구마보다 고구마 튀김이 더 맛있고 더 쉽게 피와 살이 됩니다.
그래서 요리 과정을 생략하면 가장 좋고, 굽거나 튀긴 음식보다는 찜 요리가 더 낫습니다.
다이어트 효과가 가장 좋은 식재료는 생식입니다.

🎧 함께 먹는 밥이 더 맛있는 이유

> Q: 살이 너무 쪄서 다이어트를 해야 하는데 다른 사람들과 함께 먹는 밥이 더 맛있게 느껴져요. 저만 이런가요?

> A: 어떤 대학에서 닭을 이용한 군중심리 실험을 진행했습니다. 굶주린 닭을 닭장에 넣고 먹이를 잔뜩 줍니다. 그러면 닭은 허겁지겁 먹이를 먹고 배가 부르면 식사를 중단합니다.

이때 또 다른 굶주린 닭을 닭장 안에 집어넣습니다. 그러면 새로 들어온 닭도 모이를 허겁지겁 먹습니다. 그것을 본 배부른 닭은 어떻게 할까요?
먹습니다. 배가 부른데도 또 먹습니다.

이 실험을 통해서 얻은 결론은 다음과 같습니다.
굶주린 닭의 숫자가 배부른 닭보다 더 많으면 배부른 닭도 먹이를 함께 먹는다.

군중심리가 작용하는 것입니다. 남이 하면 나도 따라서 하게 됩니다. 사람도 마찬가지입니다. 주변 사람들이 너도나도 부동산 투기를 하면 나 혼자 바보가 되는 것 같고, 이웃집 엄마들이 자식들에게 고액 과외를 시키면 우리 애만 뒤처지는 것 같고, 다른 사람이 음식을 맛있게 먹으면 나도 배가 고파집니다.

그래서 다이어트를 할 때 사람을 만나면 실패할 수밖에 없습니다. 집을 나설 때는 '그냥 얼굴 보고 차 한 잔만 마셔야지.'라고 생각합니다. 그러나 본인도 알고 있습니다. 그걸로 끝나지 않는다는 것을.
사람 만나기를 좋아하면 음식을 통제하기 어렵고, 결과적으로 식단조절에 실패하게 됩니다.

그래서 대안이 필요합니다. 음양식(밥 따로, 물 따로), 혹은 건강식을 실천하시는 분들끼리 자주 모이시기 바랍니다. 각자 싸 온 소박한 음식을 나누어 먹고 서로서로 격려해 주십시오.

시간이 흐르면 예전에 만나던 사람들이 더 이상 그립지 않게 될 것입니다. 그리고 세월이 흘러서 예전에 알던 사람을 다시 만나면 깜짝 놀랄 것입니다. 시간이 흐를수록 웰빙을 실천하는 분들은 얼굴이 더 밝아지고 혈색이 도는데 예전 친구들은 아픈 곳이 늘어갑니다.

🎧 비추하고 싶은 다이어트 – 게임 마니아

> Q: 사람 안 만나고 집에만 있으면 심심해서 음식 생각만 납니다. 배고픈 상태에서 운동은 너무 힘듭니다.
> 배고픔을 참을 수 있는 방법이 있을까요?

> A: 그다지 건강에 안 좋은(?) 다이어트를 한가지 알려드리겠습니다. 바로 게임 삼매경에 빠져서 식사도 잊어버리는 것입니다.

제가 예전에 혼자 지낼 때는 외로워서 온라인 게임에 중독된 적이 있습니다. 저는 웰빙족이라서 음식을 많이 가리는데요, 라면을 끊기보다 컴퓨터 게임을 끊기가 더 힘들었습니다. 그만큼 게임의 중독성은 강합니다.

제가 게임 다이어트를 알려드리는 이유는 결국 다이어트는 시간과의 싸움이기 때문입니다. TV에서는 샐러드만 먹고 헬스장에서 땀 흘리는 사람들을 보여주지만 실제로는 운동으로 성공하는 사람은 많지 않습니다.

식단조절도 힘들기는 마찬가지입니다. 뇌는 부정적인 명령을 수행하지 못합니다. 예를 들어서 '치킨을 생각하지 마라'라는 말을 들으면 머릿속에 계속 치킨 생각만 떠오르게 됩니다. 배가 고프면 당연히 맛있는 음식들이 머릿속을 가득 채우게 됩니다. 생각하지 않으려 할수록 오히려 더 자주 생각납니다. 그래서 음식 생각을 버리려면 뭔가 다른 생각으로 뇌를 채워야 합니다.

다이어트를 간절히 원하는 분들끼리 팀을 맺어서 게임을 하다 보면 시간이 정말 잘 갑니다. 밥 먹는 것도 잊어버리고 잠자는 것도 잊습니다. 그러다 보면 어느새 살이 빠지게 됩니다.

이상 그다지 권장하고 싶지 않은 다이어트였습니다.

🎧 '슈퍼 사이즈 미'를 피하는 방법

> Q: '슈퍼 사이즈 미'라는 영화가 있습니다. 인스턴트 식품의 위험성을 경고하는 다큐멘터리 장르의 영화입니다.
> 영화의 내용은 한 달 동안 하루 3끼 모두 햄버거만 먹었을 때 인체에 어떤 변화가 오는지 직접 테스트를 진행합니다. 시간이 지날수록 배는 나오고 체지방은 증가합니다. 2주만 지나면 간경화가 심각한 수준에 도달합니다.
> 햄버거가 그 정도로 건강에 안 좋은 음식인가요?

> A: 그 영화가 국내에 개봉될 시점에 한국에서도 동일한 실험을 진행했었습니다. 원래 계획은 한 달이었지만 예상보다 훨씬 더 부작용이 심각해서 3주 만에 실험을 중단했습니다.
> 이 실험으로 한 가지는 확실히 증명되었습니다.
> *음식만으로 건강이 심각하게 악화될 수 있습니다.*

그런데 '슈퍼 사이즈 미'를 피하는 방법이 있습니다. 한 달 동안 하루 3끼를 모두 햄버거만 먹어도 간경화와 지방간에 걸리지 않는 방법이 있습니다. 그 방법은 바로 이것입니다.

햄버거를 먹을 때 청량음료를 마시지 않습니다.

햄버거를 먹을 때 청량음료 대신 홍차, 혹은 맹물을 마시면 부작용이 그다지 심각하지 않습니다. 식사할 때 물 종류를 아예 마시지 않으면 더 좋습니다.

햄버거, 피자 같은 패스트푸드만 간을 병들게 하는 것이 아니라 설탕 & 화학 첨가물이 포함된 음료와 과자가 진짜 복병입니다.

당신의 자녀를 우량아로 키우고 싶으십니까? 그러면 피자 사줄 때 청량음료도 함께 사주십시오. 피둥피둥 살찐 2세로 키울 수 있습니다. 지방간, 간경화도 덤으로 얻을 수 있습니다. 10년 이상 장기 복용하면 치아가 망가지고 뼈도 약해집니다.

앞으로 편의점에서 음료를 고를 때 다시 한 번 생각해 보시기 바랍니다.

🔒 식욕을 억제하는 방법

> Q: 살을 빼야 하는데 배고픔을 참기가 너무 힘드네요. 식욕을 조절할 수 있는 방법이 있을까요?

> A: 저는 9일 동안 체중 9kg을 뺀 적도 있습니다. 방법을 몰라서 무작정 굶었습니다. 그때는 정말 길 가는 강아지가 치킨으로 보이고, 축구공이 수박으로 보이더군요.

그 후에 여러 가지 연구를 거듭했고 저를 찾아온 분들께 쉬운 식이요법을 소개해 드렸습니다. 결론은 별 도움이 안 되더군요. 다이어트는 백 프로 의지의 문제이기 때문입니다. 의지만 있으면 살 빼는 건 방법이 중요하지 않더군요. 세상에 살 빼는 방법을 모르는 사람은 없기 때문입니다.

식욕을 억제하는 방법 몇 가지를 소개해 드리겠습니다.

(1) 식사를 할 때마다 이것을 기억하십시오.
  내 입으로 들어가는 모든 음식들은 한때 살아 있는 생명체였다.
  나는 밥을 먹을 때마다 생명체를 죽이고 있다.

이 문장을 종이에 적어서 냉장고 문, 혹은 잘 보이는 장소에 붙여 두십시오. 저는 늘 이것을 기억하고 있고 지난 10년 넘게 키 176에 체중 55킬로를 넘지 않았습니다.

저는 육식을 성추행&성폭행과 같다고 생각합니다. 나의 생존에 꼭 필요한 것도 아닌데 순간의 즐거움을 위해서 다른 생명체에게 피해를 주기 때문입니다.

(2) 제가 식사 때마다 기억하는 화두가 한 가지 더 있습니다.
몸에 이로운 음식은 하나도 없다.
모든 음식이 내 몸을 병들고 늙게 만든다.

설탕과 화학 첨가물은 피를 끈적이게 하고, 간과 신장을 손상시킵니다. 가공식품도 마찬가지입니다. 육식은 모든 암의 원인이 됩니다.
사람 손이 많이 갈수록, 조미료와 양념이 많이 들어갈수록 맛은 더 좋고 건강에는 더 안 좋습니다.

채식을 하더라도 과식하는 사람의 수명이 더 짧습니다. 사람이 일평생 동안 먹는 음식의 양은 정해져 있습니다.

(3) 먹고 싶은 음식이 있으면 오로지 그것 한 가지만 일주일 동안 계속 드십시오. 그러면 그 후로 몇 달 정도는 그 음식이 생각나지 않을 겁니다.

(4) 배가 고프면 의지가 약해지기 마련입니다. 배가 든든하려면 탄수화물을 먹어야 합니다. 자연의 법칙은 거스를 수가 없습니다.
방법은 가공되지 않은 곡식을 먹는 것입니다. 곡식으로 지은 밥과 반찬 한두 가지로 식사를 하십시오. 양껏 많이 드셔도 됩니다. 밥으로 원푸드 다이어트를 하는 겁니다. 저는 밥 다이어트로 체질량지수(BMI) 19 아래를 꾸준히 유지하고 있습니다.

다이어트 트레이너의 몸매는 타고난다

Q: '스타킹'이란 방송에 여성 다이어트 트레이너가 출연해서 '코르셋 운동법'을 소개했습니다. 상당히 날씬한 몸매였고, 운동 직후 출연자들의 허리둘레가 5mm 이상 감소하는 효과도 보였습니다.
제가 그 운동을 따라하면 저도 살이 빠질까요?

A: 사람들은 예쁜 연예인이 광고하는 화장품을 바르면 자신도 예뻐질 거라고 생각하고, 날씬한 사람이 광고하는 다이어트 제품을 사용하면 자신도 광고 모델처럼 될 거라고 생각합니다.

그렇다면 실제로 그 연예인이 그 제품을 사용해서 예뻐지고 날씬해졌을까요? 어떤 유명 연예인이 살을 뺐는데 알고 보니 지방흡입 수술을 받았다는 사실이 알려져서 사회적으로 파장이 컸습니다.

저는 그 방송을 보면서 한 가지 의문이 생겼습니다. 저는 사상체질을 장기간 공부한 경험이 있어서 사람의 얼굴을 보면 80~90% 정도는 체질을 맞출 수 있습니다. (성형외과에 갔다 온 경우는 제외)

강호동 씨는 선천적으로 양기를 많이 가지고 태어난 소양인이라서 천하장사가 되었습니다. 손연재, 신수지 선수도 소양인 기질이 있어서 선천적으로 유연한 몸을 가지고 태어났습니다.

그에 반해서 스타킹에 출연한 트레이너는 뼈대가 굵고, 입술이 얇아서 소음인 성격이 강했습니다. 제 생각에 이 분은 다른 여성에 비해서 유연성은 떨어질 것 같습니다. 이런 체질은 뼈와 허리는 튼튼하지만 소화기관이 약해서 남들보다 살이 덜 찝니다. 선천적으로 날씬한 몸매의 소유자입니다.

다이어트뿐만 아니라 누군가의 도움을 구할 때는 본인이 직접 효과를 체험한 방법의 전문가를 찾아가시기 바랍니다.

2024년을 기준으로 한국 여성 4명 중 1명은 비만입니다. 그리고 한국 남성 2명 중 1명은 비만입니다. 남성 비만 원인 중에서 무시 못 할 요인은 보디빌딩입니다. 근육은 같은 부피의 지방에 비해서 2배나 무겁기 때문입니다. 보기 좋은 몸매라 하더라도 수치상으로는 비만인 경우가 많습니다.

BMI(체질량지수) 지수 23까지가 정상 범위입니다. 23을 넘으면 과체중이고, 25를 넘으면 비만에 속합니다. BMI는 체중(kg)을 키(미터)의 제곱으로 나눈 수치입니다. 남성 다이어트 트레이너들 중에는 비만인 경우가 많습니다.

멋진 근육을 부러워하기 전에 이것을 기억하기 바랍니다.
평균 수명이 가장 짧은 직업은 운동선수입니다.

행복

🔓 행복을 선물하는 방법

> Q: 행복을 선물하는 방법이 있을까요? 제가 최근에 경제적으로 어려워져서 친척 어르신으로부터 도움을 받았습니다. 그래서 보답을 하고 싶은데 현재 제가 가진 돈이 많지 않네요. 돈이 많이 들지 않으면서 행복을 선물하는 방법이 있다면 알려주십시오.

> A: 행복을 선물하는 방법은 아주 많이 있습니다. 안타깝게도 우리는 '선물'이라고 하면 '돈으로 산 물건'과 같은 의미로 인식하고 있습니다. 돈을 주고 산 물건도 선물은 맞습니다만, 행복을 돈으로 살 수는 없겠지요. 한국인들은 필리핀인들보다 3배나 풍족하게 살지만 행복지수는 오히려 더 낮습니다.

행복을 담은 선물 한 가지를 소개해 드리겠습니다. 말 그대로 상대방에게 '행복'을 선물하는 방법이 있습니다.

(1) 금은방에서 옥목걸이를 하나 삽니다. 다른 장식은 필요 없고 순수한 옥으로 된 목걸이가 좋습니다.

(2) 그 목걸이를 자신의 목에 걸고 일주일 동안 계속 즐거운 일만 찾아

다니면서 마음껏 웃습니다.

반가운 사람만 만나고, 자신이 좋아하는 일과 취미활동을 합니다. TV나 영화도 코미디 종류만 봅니다. 길을 걷다가 모자란 사람처럼 웃습니다. 쉬지 않고 계속 웃기만 하십시오.

(3) 그렇게 일주일이 지나면 옥목걸이를 다른 사람에게 선물합니다.

목걸이를 받은 사람이 그 목걸이를 몸에 지니게 되면 저절로 기분이 좋아지고 웃음이 나옵니다. 행복한 에너지의 파장이 옥에 저장되었다가 서서히 뿜어져 나옵니다. 술, 담배, 마약을 섭취하지 않았는데도 그와 동일한 효과가 나타납니다. 숙취도 없고, 금단증상도 없습니다.

자신에게 정말 소중한 사람이 있는데 주머니 사정이 안 좋거나 그 사람이 무얼 좋아하는지 모를 때 이 방법을 사용해 보십시오. 아주 좋은 선물이 될 것입니다. 행복을 필요로 하지 않는 사람은 없으니까요.

🎵 PTSD의 원인 – 인디언 추장의 지혜

> Q: 과거에 안 좋았던 기억이 자꾸만 떠올라서 괴롭습니다. 어떻게 하면 과거의 굴레에서 벗어날 수 있을까요?

> A: PTSD로 괴로워하는 분들을 위해서 제 생각을 말씀드리겠습니다. 우선 '인디언 추장의 지혜'라는 글을 읽어 보시기 바랍니다.

「인디언 추장의 지혜」

한 늙은 인디언 추장이 손자에게 모든 사람의 내면에서 일어나고 있는 '큰 싸움'에 대해서 이야기하고 있었습니다.

"얘야! 우리 모두의 마음속에서 이 싸움이 일어나고 있단다. 두 늑대 간의 싸움이란다."

"한 마리는 악한 늑대로서 그놈이 가진 것은 화, 질투, 슬픔, 후회, 탐욕, 거만, 자기 동정, 죄의식, 회한, 열등감, 거짓, 자만심, 우월감, 그리고 이기심이란다."

"다른 한 마리는 좋은 늑대인데 그가 가진 것들은 기쁨, 평안, 사랑, 소망, 인내심, 평온함, 겸손, 친절, 동정심, 아량, 진실, 그리고 믿음이란다."

손자가 추장에게 물었습니다.
"어떤 늑대가 이기나요?"

추장은 간단하게 답하였습니다.

"내가 먹이를 더 많이 주는 놈이 이기지."

PTSD는 바로 내 안에 사는 늑대와 같습니다.
지금 내 감정이 행복하다면 행복했던 시절의 추억이 떠오르고, 우울하고 두려운 감정이 가득하다면 괴로웠던 트라우마가 떠오르게 됩니다.

PTSD는 치료할 수 없습니다. 내가 부르기 전에는 찾아오지 않기 때문입니다. 치료해야 하는 질병은 PTSD가 아니라 내 안의 부정적인 감정 바로 우울증입니다. 그리고 우울증은 몸의 병입니다.

🎵 누군가를 그리워한다는 것

Q: 누군가를 그리워한다는 것,
그것만으로도 축복받은 거 아닐까요?
그리워할 누군가가 있다는 것,
그 누군가와의 추억 때문에 힘들고 괴롭다는 것,
그 누군가 조차 없다면 그것만큼 괴로운 게 또 있을까요?

A: 네 그렇습니다. 세상 모든 일은 장단점이 있기 마련입니다. 대부분의 사람들은 추억을 부정적으로 간직합니다. 그 순간이 슬프거나 기쁘거나에 상관없이.

- 대부분의 사람들은 힘들었던 순간의 기억이 떠오를 때는 아픈 기억을 계속 회상해서 자신을 힘들게 합니다. 마치 현재 자신이 그 순간을 또다시 경험하고 있다고 착각합니다.

- 행복했던 순간의 기억이 떠오를 때는 그리운 추억과 현재의 빈자리를 비교하면서 자신을 힘들게 합니다. '그때는 행복했었는데 지금은 그렇지 않아. 그래서 난 지금 불행해.'라고 생각합니다.

행복해지는 방법은 간단합니다. 이것을 반대로 하면 됩니다.

힘들었던 순간의 기억이 떠오를 때는 현재와 비교해서 기뻐하면 됩니다. 그때에 비하면 지금의 나는 더 행복해졌습니다.

행복했던 순간의 기억이 떠오를 때는 그 추억을 즐기면 행복해집니다. 현재 내가 그 순간을 다시 경험하고 있다고 상상하면 됩니다.

'인디언 추장의 지혜'를 적용하는 것입니다.

> Q: 선생님이 가르쳐 주신 대로 해보려고 했지만 여전히 괴롭습니다. 좋은 기억이든, 나쁜 기억이든 괴로운 감정만 불러옵니다. 무엇이 문제일까요?

> A: 만약 이렇게 했는데도 행복해지기는 커녕 오히려 괴롭기만 하다면 그것은 우울증이 있다는 의미입니다.

- 우울증이 있으면 늘 감정이 우울하고 부정적입니다.

- 사람은 현재 감정과 유사한 과거의 기억을 떠올립니다.

- 우울증이 있으면 행복했던 추억도 고통으로 받아들입니다.

해결방법은 우울증을 치료하는 것입니다. 그리고 우울증은 몸의 병입니다.

🎵 행복의 비밀 그 너머에 있는 것

> Q: 많은 사람들은 사랑 받을 때 행복하다고 생각합니다. 선생님은 행복의 조건이 뭐라고 생각하시나요?

> A: 그 질문에 답하기 위해서 시 한 편 소개해 드리겠습니다.

「행복」 - 유치환

사랑하는 것은
사랑을 받느니보다 행복하나니라
오늘도 나는
에메랄드빛 하늘이 환히 내다 뵈는
우체국 창문 앞에 와서 너에게 편지를 쓴다

그리운 이여 그러면 안녕!
설령 이것이 이 세상 마지막 인사가 될지라도
사랑하였으므로 나는 진정 행복하였네라

'사랑받는 것보다 사랑하는 것이 훨씬 더 행복하다.'
정말 좋은 말입니다. 안타깝게도 현실에서는 별 도움이 되지 않습니다.

'집착을 버리면 저절로 행복해진다'처럼 옳은 말이기는 한데 막상 실천은 딴 세상 이야기 같습니다.

저는 이전에 '연애를 통해서 원하는 것을 얻을 수 없다'라고 말씀드렸습니다. 모든 사람들이 연애를 시작할 때는 사랑을 주기 위해서가 아니라 자신이 사랑받기 위해서 누군가를 찾기 때문입니다. 두 사람 모두 서로 받기만을 원하니 당연히 사랑을 가장한 전쟁이 시작됩니다.

이건 조금만 생각해 보면 알 수 있습니다. 진정한 사랑을 베푸는 사람이 왜 젊고 잘생긴 이성을 찾겠습니까? 그런 분들은 테레사 수녀님, 졸리 신부님처럼 가장 밑바닥에 있는 사람들 곁에 있습니다.

그래서 연애는 사랑이 아니라 비즈니스입니다. 연애에서 사랑을 기대하면 기대가 큰 만큼 상처도 큽니다.

> Q: 하버드대에서 '행복의 가장 큰 조건'이 무엇인지를 찾기 위해서 70년 넘게 수많은 사람들의 일생을 관찰했습니다.
>
> 수십 년의 시간과 노력 끝에 마침내 이런 결론을 얻었습니다.
> '행복은 돈이 아니라 인간관계에서 온다'
> 동의하시나요?

> A: 좋은 친구가 많은 사람이 행복하다는 의미로군요. 이미 2천 년 전에 성현들이 하신 말씀을 현대에 와서 관찰과 실험으로 증명했네요.
> 그러나 저는 저 실험결과를 다르게 해석합니다.

친구가 많은 사람이 행복한 이유는 대인관계가 즐거움을 주기 때문이 아니라 행복한 사람 주변에 저절로 사람들이 모이기 때문입니다.

① 친구가 많은 사람은 사람들과 문제를 만들지 않는 사람이고,
② 사람들과 문제를 만들지 않는 사람은 타인에게 의지하지 않는 사람이고,
③ 타인에게 의지하지 않는 사람은 몸이 건강하고,

④ 몸이 건강한 사람은 행복합니다.

 부처님과 예수님 주변에 사람들이 모여들었던 이유는 그분들 가까이에 있기만 해도 행복한 에너지 파장을 받아서 주변 사람들도 행복한 감정을 느낄 수 있었기 때문입니다.
 성현들은 혼자 있을 때 행복했습니다. 혼자 있을 때 행복한 사람이 대인관계가 원만합니다. 게다가 대인관계를 통해서 더 행복해질 수 있습니다.

 저는 이제까지 많은 사람들을 상담으로 도와드렸고, 그 중에서 절반 가까운 사람들이 공통적으로 가진 고민이 있었습니다.
 "친구가 없어서 괴로워요."

 그러면 저는 이렇게 조언해 줍니다.
 "주변에 비슷한 사람들 많으니 서로 친구 맺어서 밥도 같이 먹고, 취미생활도 함께 즐겨 보세요."

 제가 이런 조언을 하는 이유는 그 방법이 실패할 거라고 확신하기 때문입니다. 제가 외로운 사람들에게 어째서 대인관계가 해결방법이 못 되는지를 설명해 주면 그분들도 이해는 하지만 행동이 바뀌지는 않습니다. 그렇기 때문에 본인 스스로 확신이 생길 때까지 실패를 경험해야 비로소 깨우칠 수 있습니다.

 외로운 사람들끼리 친구가 되지 못하는 이유는 연애와 같습니다. 자신만이 관심 받기를 원하기 때문에 애정 쟁탈전의 막장 드라마가 이어집니다.

 모든 인간관계에서 승리하는 방법은 사랑을 베푸는 관계입니다. 그리고 이것은 기술이나 노하우로 되는 것이 아닙니다.

농구에서 덩크슛을 어떻게 하는지를 모르는 사람은 없습니다. 키가 큰 사람은 덩크슛을 할 수 있고, 그렇지 못한 사람은 방법을 알아도 할 수가 없습니다.

다른 사람에게 사랑을 주는 것도 마찬가지입니다. 이미 가슴속에 사랑이 넘치는 사람만이 다른 사람들에게 사랑을 나누어 줄 수 있습니다. 외로운 사람들은 대부분 가슴이 텅 비어 있습니다. 당연히 나누어 줄 수 있는 것도 없지요.

언제나 결론은 같습니다.
- 혼자 있을 때 행복한 사람이 다른 사람에게 행복을 나누어 줄 수 있습니다.

- 혼자 있을 때 행복한 사람이 다른 사람과 있을 때 더 행복할 수 있습니다.

- 혼자 있을 때 행복해지는 가장 중요한 요인은 몸의 건강입니다.

🎵 화가 나지 않아요

> Q: 만나기로 약속을 하고 약속장소에 나와서 한 시간을 기다렸는데 일이 늦어져 집에 가 있으라고 한 사람에게도 화가 나지 않고,
> 같이 썸 타던 사람이 전 애인 이야기를 하면서 이 관계를 그만두자는 것도 화가 나지 않아요.
> 친구들에게 저 이야기를 했더니 자기였으면 저 사람들을 다 때렸을 거래요.
>
> 저는 왜 이렇게 무덤덤하죠?
> '기대를 하지 말자'라는 마인드인데 그래서 그런 걸까요?

> A: 부러우면 지는 거라는 말이 있지요. 화를 내면 혈압이 상승하고, 코티졸이라는 스트레스 호르몬이 분비되어서 건강에 안 좋습니다.

스트레스를 받지 않는 방법은 사람에게 기대를 하지 않는 것입니다.
세계 4대 성인들의 가르침을 기억해 보세요. 내담자님은 성인들의 가르침을 잘 따르고 있습니다.

금전, 혹은 물리적인 피해와 상관없는 일에 문제가 있다면, 진짜 문제는 '문제가 있다'고 바라보는 그 시선입니다.

🎧 우리가 두려워해야 할 것은 죽음이 아니라 환생

> 딸: 아빠! 죽는 게 뭐야?

> 아빠: 우리는 모두 우주에서 왔고, 몸이 죽으면 다시 우주로 되돌아간단다.

우리는 모두 영원히 존재하는 영혼이었고, 지구로 와서 육신이라는 옷을 입었습니다. 육신이 늙고, 병들면 새 옷으로 갈아입기 위해서 헌 육신을 버리고 영혼 상태로 되돌아갑니다.

이것이 죽음입니다. 우리가 죽음을 두려워하는 이유는 죽음 이후에 어떤 일이 벌어지는지 알지 못하기 때문입니다. 저 세상에서 무엇이 우리를 기다리고 있는지 알고 있다면 더 이상 죽음을 두려워하지 않을 겁니다. 우리는 죽지 않기 때문입니다.

우리의 무의식은 죽음 이후에 어떤 일이 벌어질지 알고 있습니다. 실은 무의식도 죽음을 두려워하지만 죽음 그 자체를 두려워하는 것은 아닙니다. 무의식이 두려워하는 대상은 환생입니다.

다시 이 세상에 태어날 때는 모든 기억을 지워버리고 전혀 다른 환경과 가족을 만나게 됩니다. 부모가 자식에게 줄 수 있는 유산은 크게 4가지가 있습니다.
- 애정
- 유전자
- 지식
- 재산

인자하고 부유한 사람을 부모로 만날 수도 있지만 그렇지 않은 경우가 더 많습니다.

우리가 죽음을 준비하기 위해서 해야 할 일은 무덤 자리가 아니라 *지금 살고 있는 세상을 더 행복하고 아름답게 만드는 일입니다.*

예수, 부처, 테레사 수녀 같은 분들은 이것을 정확히 이해하고 실천했던 사람들입니다. 다음에 다시 이 세상에 올 때는 어떤 나라, 어떤 신분, 어떤 성별로 태어날지 알 수 없기 때문에 전 세계 모든 사람들이 행복해지도록 만드는 일이 나 한 사람의 죽음을 가장 잘 대비하는 길입니다.

🔓 상대방이 저를 싫어하는 게 느껴져요

> Q: 상대방이 선생님을 싫어하는 거 느끼나요?
> 저는 너무 잘 느끼는 것 같아요. 좋아하는 감정은 못 느끼는데 상대방이 저를 싫어하는 감정은 잘 느끼더라고요.
> 선생님도 그러나요?

> A: 감정적으로 예민한 사람은 다른 사람의 기분을 느낄 수 있습니다.

(1) 그렇다고 해서 그 감정이 내담자님을 향한 것은 아닙니다. 그러니까 옆 사람이 지금 기분이 안 좋은데 그게 내담자님 때문인 건 아니라는 거죠. 그 사람의 기분이 나쁜 건 맞는데 그 원인이 무엇 때문인지는 본인만이 아는 겁니다.

(2) 물론 본인 기분 나쁜 걸 내담자님에게 화풀이할 수도 있습니다. 그렇다고 내담자님이 잘못한 건 아닙니다. 그냥 가까이에 있기 때문에 화풀이하기 쉬우니까 걸고넘어지는 것뿐입니다.

(3) 그리고 옆 사람이 나를 좋아하는 감정을 잘 못 느끼는 이유는 우리나라 사람들 중에 우울증 환자가 많기 때문입니다.

(4) 우울증이 있는 사람은 세상에 정답은 한 가지뿐이라고 생각합니다. 주변에 있는 사람이 자신과 다른 방식으로 사는데도 잘 산다면 이런 의심이 듭니다.
- '저 사람은 나와 다르게 사는데도 잘 살고 있구나.'

- '그렇다면 내가 틀린 것일까?'

- '아니야 난 틀리지 않았어.'

- '그렇기 때문에 저 사람이 틀린 거야.'

우울증이 있으면 불안한 감정 때문에 자신이 옳다는 확신이 부족하고 그래서 나와 다르게 사는 사람이 틀렸기를 바랍니다. 그렇기 때문에 주변 사람들을 비난하는 거랍니다.

오해가 풀렸기 바라요.

명상

🎧 차별이 존재하는 이유

Q: 왜 인간은 잘 알지도 못하는 사람을 쉽게 판단하고 차별하는 걸까요?

A: 2천5백 년 전 그리스 아테네에서 민주주의가 처음으로 탄생했습니다. 시민들이 광장에서 자유롭게 토론할 수 있었고, 투표로 자신들의 대표를 선출할 권리가 있었습니다. 그리고 노예와 여자에게는 투표권이 없었습니다. 차별이 전제된 민주주의였죠.

전 인류의 역사를 볼 때 어느 지역에서나 성차별, 신분차별, 인종차별, 외모차별은 존재했었습니다. 오늘날 표면적인 차별은 사라졌지만 선진국에서도 여전히 보이지 않는 차별은 남아있습니다.

사람이 다른 사람을 차별하는 이유는 이러합니다.
차별이 사라지지 않는 이유는 한 가지 요건만으로 사람을 판단하면 쉽고 편리하기 때문입니다.

처음 보는 사람을 외모, 성별, 인종, 신분만으로 판단하면 그 사람이 이제까지 어떤 경력을 쌓았고, 얼마나 많은 노력을 했는지를 조사하는 막대한 노력을 생략할 수 있습니다.
결국 게으른 사람이 차별을 하기 마련입니다.

🎧 다른 사람을 '나쁜 사람'이라고 말하는 순간

> Q: 출근길에 어떤 사람이 뛰다가 옆 사람과 살짝 부딪쳤는데 그것 때문에 옆 사람이 험담을 하는 것을 들었습니다.
> 그 사람에게 어떤 일이 있는지도 모르면서 험담을 너무 쉽게 하더군요. 왜 사람들은 잘 알지도 못하는 사람을 나쁘게 말하는 걸까요?

> A: 사람들이 잘 모르는 사람을 험담하는 이유는 차별이 사라지지 않는 이유와 같습니다.

안 좋은 행동을 한 사람에게 '나쁜 사람'이라고 말하는 순간 사람은 스스로에게 면죄부를 줍니다.

상대방이 그렇게 행동하게 된 근본적인 원인과 문제 해결방법을 고민하지 않아도 되는 면죄부를 나 자신에게 주는 것입니다.

결국 게으른 사람이 잘 알지도 못하는 사람을 험담하고 차별합니다. 사람이 게을러지는 이유는 건강이 안 좋기 때문입니다.

🎧 약간 강박증 같이 컴퓨터를 합니다

Q: 안녕하세요. 고등학생입니다. 제가 어렸을 때부터 컴퓨터가 금지였어요. 그런데 중학생이 되면서 가족들이 바빠지고 혼자 있는 시간이 많아지다 보니 저절로 몰래 컴퓨터를 하게 되었습니다.

그런데 요즘은 집에 아무도 없으면 무조건 컴퓨터를 해야 할 것 같아요. 진짜 머리 아프고, 눈 아프고, 컴퓨터 하기 싫고, 켜서 할 것도 없는데도 무조건 켜요.
'집에 가족이 있으면 난 이걸 못할 거야.' 이런 생각이 머리에 박혀 있습니다.

그래서 시험기간에 진짜 미치겠습니다. 분명 공부해야 한다는 것을 아는데도 컴퓨터를 못 끄겠어요.
진짜 왜 이런 거죠? 고치고 싶은데.

A: 힘든 시기를 보내고 있군요. 저도 무척 힘든 학창 시절을 보냈었지요.

집에서 컴퓨터를 켜두는 이유는 이렇습니다. 컴퓨터가 재미있어서가 아니라 공부가 재미없기 때문입니다.

무의식은 하기 싫은 공부 대신에 무언가 탈출구를 찾고 있구요, 그 탈출구가 컴퓨터인 것이죠.

내담자님만 그러는 건 아닙니다. 대부분의 현대인들은 대인관계, 학교, 직장, 건강, 돈, 등등 현실적인 문제에서 벗어나려고 탈출구를 찾습니다.
도박, 술, 담배, 과식, 폭식, 사람에 대한 집착, 종교, 스마트폰, 게임, 등등. 겉으로 드러나는 증상은 다르지만 모두 현실 도피의 수단입니다.

상태가 심하다면 장기간의 상담이 필요하지만 일단 간단하게 할 수 있는 임시방편을 알려드리겠습니다.

- 독서실에서 공부하고 집에서는 잠만 잡니다. 독서실 갈 때 폰은 집에 놔두고 가세요.

- 마음 맞는 친구와 같이 공부하면서 서로 격려하고 도와줍니다.

- 컴퓨터에서 게임은 모두 삭제하고, 컴퓨터는 공부할 때만 사용합니다. 인터넷 강의 찾아보면 많습니다.

그러나 이런 방법들은 임시방편에 불과합니다. 문제를 해결하려면 근본적인 원인을 알아야 합니다.

내담자님의 증상은 강박증이고,
강박증은 우울증의 증상 중 하나입니다.
그리고 우울증은 몸의 병입니다.

요즘은 청소년들 중에서도 우울증 있는 친구들이 많더군요. 신체 어딘가에 불편한 부분이 있을 겁니다. 건강 회복을 위해서 노력하세요. 몸이 건강해지면 우울증이나 강박증도 저절로 좋아질 겁니다.

🎧 현실도피용 슈뢰딩거의 고양이

> Q: 제 친구가 수년 동안 춤에 빠져 살고 있습니다. 취직은 안 하고 몇 년 동안 춤 연습만 합니다. 제가 그 친구에게 대회에 나가 보라고 여러 번 권했으나 '아직 준비가 더 필요하다'라면서 거절하네요. 그 친구 부모님이 걱정이 많으십니다. 이 친구의 심리상태가 궁금합니다.

> A: 친구분의 심리상태는 양자중첩 현상을 설명할 때 예시로 사용하는 '슈뢰딩거의 고양이'와 같습니다. 상자를 열기 전에는 살아있는 고양이와 죽어 있는 고양이가 동시에 존재합니다. 상자를 열었을 때 비로소 한 가지 상태로 고정됩니다.

마찬가지로 친구가 대회에 출전하기 전에는 합격과 불합격이 동시에 존재합니다. 이 상태에서는 1%라 할지라도 친구에게는 가능성이 존재합니다. 그러나 대회에 출전하면 결과가 드러나고 자신의 기대에 못 미쳤을 때의 실망감을 스스로 감당할 자신이 없습니다.

그렇기 때문에 현실을 받아들이기보다는 실낱같은 희망을 붙잡고 있는 편이 더 나은 것이지요.

친구분에게 기한을 약속 받으세요. "1년 후에도 대회에서 입상 못하면 춤을 접고 부모님 말씀대로 취직하자." 이런 식으로 말입니다.

춤으로 돈을 벌 수 있는 직업, 혹은 아르바이트를 구하는 것도 좋습니다. 많은 돈을 벌지 못하더라도 생계유지만 가능하다면 스스로 인생을 책임질 수 있습니다.

🎵 신앙을 가장한 현실도피

> Q: 제 어머니가 교회에 열심히 다니시는데 가족들에게 간섭이 너무 심하십니다. 안 좋은 일이 생기면 "너가 신앙심이 약해서 하나님이 벌을 주신 거다. 하나님이 나를 더 사랑하시니까 넌 내 말을 들어야 한다." 이런 식으로 가스라이팅을 하십니다.
> 게다가 가족이 아닌 다른 사람들한테도 "교회 안 나가면 지옥 간다"라면서 말을 심하게 하십니다. 선생님이 보시기에는 제 어머니가 신앙생활을 제대로 하시는 건가요?

> A: 안타깝게도 많은 교인들이 신앙을 현실도피의 목적으로 사용하고 있습니다. 우리가 이 땅에 온 이유는 몸을 사용해서 세상을 경험하기 위해서입니다. 현실을 저버리는 신앙생활은 하나님이 우리를 이 땅으로 보내신 목적을 오해한 것입니다.

신은 이 우주 전체를 모두 다 소유하셨습니다. 인간은 신에게 줄 수 있는 것이 없습니다. 물론 신이 인간에게 바라는 것이 있기는 합니다. 그것은 우리의 현재 삶에 충실하고 나 자신을 먼저 돌본 후에 주변 사람들을 도와주는 것입니다.

> Q: 교회에 열심히 다니면서 성실하게 종교생활을 하는 사람들도 많습니다. 신앙은 마음의 영역이라서 진짜 신앙과 가짜 신앙은 너무도 닮았습니다. 어떻게 하면 진짜 신앙과 가짜 신앙을 구분할 수 있을까요?

> A: 진짜 신앙과 가짜 신앙을 구분하는 방법은 2가지가 있습니다.

(1) 현실도피 수단으로 신앙을 선택하는 사람은 자신의 일상을 등한시

합니다. 일상에서 벗어나고 싶어서 종교에 의지하기 때문에 자신의 일상이 더 망가집니다.

그에 반해서 종교에서 기쁨을 발견한 사람은 에너지를 얻고 자신의 일상을 긍정적으로 변화시킵니다.

(2) 현실도피 수단으로 신앙을 선택하는 사람은 다른 사람의 인생에 간섭합니다. 인생이 우울한데 노력이 부족한 사람은 자신이 잘못되었다는 생각을 하지 못합니다. 이런 상태에서 자신과 다르게 사는데도 잘 살고 있는 사람을 보면 이렇게 생각합니다.
'저 사람은 나와 다르게 사니까 둘 중 하나는 틀린 거야. 하지만 나는 틀리지 않았어. 그러니까 저 사람이 틀린 거야.'
자신이 옳다는 것을 스스로에게 증명하기 위해서 다른 사람을 나처럼 바꾸려고 합니다.

그에 반해서 종교에서 기쁨을 발견한 사람은 다른 사람을 바꾸려고 하지 않습니다. 다른 사람이 어떻게 살든 상관없이 본인은 행복하기 때문입니다. 주변 사람에게 시련이 있으면 전도를 하기 보다는 근본적인 문제를 해결하도록 도와줍니다. 이것이 진정한 신의 사랑이기 때문입니다.

🎧 왜 득도는 모순으로 가득 차 있을까? – 1

Q: 득도한 분들(예수님, 부처님, 성철 스님)은 자신보다 남을 위한 삶을 살았습니다. 이런 분들처럼 되려면 어떻게 해야 할까요?

A: 득도한 분들처럼 되려면 이렇게 살아야 합니다.

- 득도에 이르기 위해서는 득도한 분들을 흉내 내는 것은 그다지 도움이 되지 않습니다. 자신을 먼저 생각하는 이기적인 삶을 살아야 합니다.

- 진정한 행복에 도달하기 위해서는 진화해야 하며, 그러기 위해서 우리가 해야 할 일은 미래가 아니라 지금 당장 행복해질 수 있는 일을 해야 합니다.

Q: 왜 그런 걸까요? 왜 득도로 가는 길은 과정과 결과가 전혀 다른 걸까요?

A: 그 이유는 우리 인생의 목적은 득도가 아니라 그 과정에 있기 때문입니다. 이것을 알아야 합니다. 득도는 우리 모두가 최후에 도달할 종착역입니다. 하지만 목적지는 아닙니다. 우리는 깨달음(득도)을 얻기 위해서, 혹은 공부하기 위해서 이 땅에 온 것이 아닙니다. 죄를 지어서 유배를 온 것도 아닙니다.

우리는 우리 스스로 기억을 지우고 이 땅에 왔습니다. 깨달음이란 것은 우리의 잃어버렸던 기억을 다시 기억해 내는 것입니다. 득도는 우리의 맨 처음 상태로 되돌아가는 것에 불과합니다. 그 누구도 출발한 자리로 다시 돌아오기 위해서 먼 길을 떠나지 않습니다. 그래서 득도나 깨달음은 인생의 목적이 아닙니다.

> Q: 그렇다면 인생의 진정한 목적은 무엇입니까?

> A: 이 궁극적이면서 핵심적인 질문에 대한 답은 간단하기 그지없습니다.
> 인생의 진정한 목적: 지금 현재 내 마음이 원하는 일을 경험하는 것.

그 이유는 내 마음에서 만들어내는 '감정'은 나의 영혼이 나에게 전달하는 대화방식이기 때문입니다.

내가 영혼이 기뻐하는 일을 하면 기쁨, 행복, 환희, 등의 긍정적인 감정이 충만해집니다.

반대로 내가 영혼의 마음에 들지 않는 일을 하면 슬픔, 고통, 우울, 등의 부정적인 감정이 충만해집니다.

내가 어떤 일을 할 때 행복한 감정이 솟아오르면 그것은 나의 영혼이 '너는 지금 네 인생의 목적을 제대로 실천하고 있다'라고 얘기하는 것입니다.
〈출처: 신과 나눈 이야기〉

왜 득도는 모순으로 가득 차 있을까? - 2

득도한 분들(예수님, 부처님, 성철 스님)처럼 소위 깨달은 분들은 자신보다 남을 위한 인생을 살았습니다. 자신과 전혀 상관없는 사람을 위해 자신의 목숨을 내놓기까지 하셨습니다.

이것이 가능한 이유는 이 세상 모든 생명체를 자기 자신과 동일시하기 때문입니다. 도마뱀은 포식자가 꼬리를 물면 꼬리를 끊고 도망갑니다. 꼬리는 금방 자라나기 때문에 꼬리를 희생해서 나머지를 살리는 것입니다.

깨달은 분들은 자신이 전체의 한 부분이라는 것을 잘 알고 있습니다. 그렇기 때문에 남을 위해서 자신을 희생할 때도 기쁜 마음으로 행할 수 있습니다.

득도한 분들은 욕심이 없습니다. 가진 재산이라고는 단칸방에 옷 한벌, 돗자리 하나가 전부인데도 이 세상 전부를 가진 것처럼 행복해합니다. 음식도 목숨을 연명할 수 있는 정도로만 조금만 먹습니다.

이 세상이 자신의 피조물이요, 모든 사람들이 나와 연결되어 있기에 다른 사람이 가진 것은 자신이 소유한 것과 마찬가지라는 것을 알고 있기 때문입니다. 그렇기 때문에 누가 자신의 재물을 빼앗아 가도, 아무리 슬픈 순간이 와도 아파하거나 괴로워하지 않습니다. 오로지 영원한 행복과 기쁨만이 지속됩니다.

> Q: 깨달은 분들처럼 무소유의 기쁨을 누리기 위해서는 어떻게 해야 할까요?

> A: 역시 지난번에 말씀드렸듯이 자신이 원하는 것을 가져야 합니다. 내가 지금 하고 싶은 일을 해야 합니다. 욕심을 버리기 위해서는 일단 그 욕심을 채워야 합니다.

> Q: 왜 득도는 이렇게 모순으로 가득 차 있을까요?

> A: 그 이유는 득도는 진화를 통해서 이루어지기 때문입니다. 진화는 계단을 오르는 것과 같습니다. 계단을 오를 때는 한 계단씩 차례로 밟고 올라야 합니다. 몇 계단씩 건너뛸 수는 없습니다.

세포 하나로 이루어진 단세포 생명체가 수억 년의 세월을 거쳐서 자그마치 60조 개의 세포로 이루어진 인간으로 진화하듯이, 부모 형제도 괄시하고 자신만 위할 줄 아는 건달 같은 인간으로 시작해서 예수, 부처 같은 경지에 도달하는 과정이 득도입니다.

인생의 목적은 모든 것을 경험하는 데 있습니다.

우리에게 시련과, 고난과, 이별과, 슬픔이 찾아오는 이유는 더 높은 경지로 성장하기 위해서가 아니라 그런 아픈 경험 자체가 의미 있는 경험이기 때문입니다.
이것이 바로 인생의 비밀입니다.

물론 '아픈 만큼 성숙해진다'는 말은 맞습니다. 다만 고통이 반드시 필요해서 우리에게 찾아오는 것은 아닙니다. 여행을 하다 보면 인사동에서 실컷 구경하고 나서 그 다음은 청계천으로 넘어가게 됩니다.
잠실 롯데월드 같은 화려한 관광지도 구경하고, 난곡동 판자촌 같은 소박한 마을도 보게 되는 것이 인생입니다.

인생이라는 여행을 하다 보면 기쁨과 슬픔, 그리고 무료함, 등등 모두를 경험하게 됩니다. 이것이 인생의 목적이요, 이러한 경험을 거치다 보면 의도치 않게 진화라는 보너스도 따라오게 됩니다.

인생의 목적은 경험에 있습니다.
인생의 가장 중요한 순간은 바로 이 순간이며,
인생의 가장 중요한 장소는 바로 여기이며,
인생에서 가장 중요한 사람은 지금 내 옆에 있는 사람입니다.
⟨출처: 신과 나눈 이야기⟩

 그러니 지금 이 순간 행복해질 수 있는 일을 하십시오. 내 영혼이 즐거워하는 일이 사회적 성공을 보장하지는 않습니다. 그러나 시간이 지나면 점점 더 의식이 진화하고, 그만큼 더 많이 행복해진 자신을 발견할 수 있습니다.

🎵 '그대를 사랑합니다'에 숨겨진 비밀

> Q: 2011년에 개봉한 「그대를 사랑합니다」라는 영화를 보고 훈훈한 감동을 받았습니다.
> 선생님은 이런 생각을 해보신 적 있습니까?
> '당신을 사랑합니다'라는 말을 들으면 왜 행복해질까요?
> 너무나 당연한 걸 묻는 건지도 모르겠습니다.

> A: 너무나 당연해 보이는 현상에 의문을 가질 때 비로소 놀라운 성장을 할 수 있습니다. 뉴튼은 사과가 나무에서 떨어지는 현상을 이상하게 생각했습니다. 주변 사람들에게 그 이유를 묻자 이런 대답이 돌아왔습니다.
> "물체가 위에서 아래로 떨어지는 건 당연하지. 뭐 잘못 먹었냐?"

만나는 사람마다 같은 질문을 했더니 뉴튼은 그 동네에서 왕따로 등극하고 말았습니다. 모든 사람들이 바보라고 손가락질했지만 뉴튼은 물체가 밑으로 떨어지는 이유에 대한 연구를 멈추지 않았고, 그 결과 '만유인력'을 발견하는 쾌거를 낳았습니다.

뉴튼 이전에 살았던 모든 사람들이 만유인력을 늘 경험했습니다. 그러나 뉴튼 이전에는 누구도 만유인력을 발견하지 못했습니다. 너무나 당연한 것이라고 생각했기 때문입니다.

질문에 대한 제 개인적인 의견을 말씀드리겠습니다. '당신을 사랑합니다'라는 말을 들었을 때 우리의 뇌는 다음의 문장으로 필터링을 합니다.
당신은 무척 아름답고 소중한 존재입니다.

이것만으로도 행복한 감정을 불러일으키기에 충분합니다.

그러나 사랑한다는 말을 들었을 때 기분이 좋아지는 근본적인 원인은 따로 있습니다. 진짜 이유는 이것입니다.

'사랑합니다'라는 말을 듣는 것은 우리가 이 땅에 온 진정한 목적을 간접적으로 이루어줍니다.

이것을 이해하기 위해서는 우리가 이 땅에 온 목적을 먼저 알아야 합니다. 우리가 이 땅에 온 이유는 공부를 하기 위해서가 아닙니다. 예전에 죄를 지어서 유배를 온 것도 아닙니다. 종교단체에서 주장하듯이 위대한 분을 즐겁게 하기 위해서도 아닙니다.

불교나 선도 단체에서는 '성장하고 최종적으로 득도하는 것이 인생의 목적'이라고 말하지만 저는 그 의견에 동의하지 않습니다. 성장은 인생을 살다 보면 자연히 이루어지는 과정이고, 성장의 최종 단계인 득도는 우리의 처음 상태로 되돌아가는 것입니다. 그렇기 때문에 성장은 인생의 목적이 아닙니다.

집 안 구석구석을 청소하다 보면 잃어버렸던 동전이나 물건들을 다시 찾게 됩니다. 그러나 이런 물건들은 보너스에 불과하지 청소를 하는 진짜 목적은 아닙니다.

인생의 진짜 목적을 한 문장으로 표현하자면 이것입니다.
인생의 목적: 내가 사랑이고 창조자이라는 사실을 체험으로 경험하는 것.

내가 신의 자녀이고, 신의 분신이라는 사실을 물질세계를 통해서 행동으로 증명하고 체험하는 것이 바로 인생의 목적입니다.

'인생의 목적은 행복에 있다'는 주장도 틀린 말은 아닙니다. 왜냐하면 내가 인생의 목적에 충실할 때 행복한 감정을 느끼게 됩니다. 그리고 가장 큰 행복은 사랑과 창조를 실천할 때 찾아옵니다.

'당신을 사랑합니다'라는 말을 들었을 때 우리의 뇌는 이 말을 1차적으로 '당신은 아름답고 소중한 존재입니다'라는 말로 필터링하고, 2차적으로 '당신은 사랑과 창조를 실천하는 고귀한 존재입니다'라는 말로 필터링합니다. 간접적으로 우리의 목적을 달성하게 됩니다. 그렇기 때문에 행복이라는 보상이 오는 것입니다.

그러나 다른 사람으로부터 반복적으로 '사랑한다'는 말을 듣는 것은 별 의미가 없습니다. 내가 원하는 것이 있을 때 다른 존재로부터 도움을 받아야 한다면 어찌 신의 대변자라 할 수 있겠습니까?

내가 신의 자녀이기 때문에 내가 원하는 것은 스스로 얻을 수 있습니다. 그리할 때에 진정한 행복을 느낄 수 있고, 인생의 진정한 목적을 성취할 수 있습니다.

인생의 목적은 행복입니다. 그리고 진정한 행복은 사랑받을 때가 아니라 사랑을 실천하고 창조할 때 찾아옵니다.

🎧 시련을 맞이한 지인을 위한 조언

> Q: 선생님! 제 집안에 일이 생겨서 더 이상 수업을 계속하지 못할 것 같습니다. 그 동안 지도해 주셔서 감사합니다.

> A: 저도 이제까지 여러 가지 시련을 많이 겪었습니다. 어떤 문제인지는 모르겠으나 몇 가지 조언을 해드리겠습니다.

- 시련을 극복하려면
  '얼마나 고통받았는가?'와는 상관이 없습니다.
  '얼마나 노력했는가?'와 상관이 있습니다.

- 지금 현재 가장 중요한 이슈가 무엇인지를 생각하고, 그 한 가지에만 전념하세요. 나머지는 나중으로 미뤄도 됩니다.

- 성장은 무언가를 더 얻는 것이 아니라
  중요하지 않은 것을 포기하는 과정입니다.

- 최후까지 포기해서는 안 되는 것은 자신의 건강입니다.
  몸만 건강하면 무엇이든 다 해낼 수 있습니다.

- 시련이 찾아오면 좋은 점도 있습니다. 누가 나의 친구인지, 누가 나의 친구가 아닌지를 알 수 있습니다.

- 이것도 언젠가는 지나갑니다.

🔒 프랑스 고등학교 졸업시험 문제

다음은 프랑스의 고등학교 졸업시험에 출제된 문제들입니다. 한국은 노동자를 양산하는 교육인데 반해 프랑스는 철학자를 만드는 교육이네요. 여러분도 스스로 문제의 답을 생각해 보면서 인생을 돌아보는 명상의 시간을 가져 보시기 바랍니다.

제 머릿속에 금방 떠오르는 답 몇 가지 적어봅니다.

> **Q1: 스스로 의식하지 못하는 행복이 가능한가?**

> **A1:** 대부분의 사람은 다른 사람과 자신의 상황을 비교해서 행복을 측정합니다.
> 스스로 의식하지 못한다면 행복하다고 할 수는 없습니다. 이유는 행복한지 여부를 다른 사람은 알 수 없기 때문입니다. 인생의 목적은 행복이며, 자신이 행복한지 아닌지는 오직 자신만이 알 수 있습니다.
> 그렇기 때문에 다른 사람이 판단하는 행복이나 다른 사람과 비교하는 행복은 의미가 없습니다.

> **Q2: 꿈은 필요한가?**

> **A2:** 본인 스스로 다른 사람과 비교하지 않고도 현재가 행복하다면 꿈이 반드시 필요하지는 않습니다.
> 다만 꿈이 있다면 더 행복해질 수 있습니다. 복권을 사면 당첨 번호 발표날까지 매일매일 기대하면서 행복을 느끼게 됩니다. 꿈도 마찬가지입니다. 꿈이 있다는 것만으로도 행복을 줍니다.

Q3: 과거에서 벗어날 수 있다면 우리는 자유로운 존재가 될 수 있을까?

A3: 과거에서 벗어나더라도 현재 하고 있는 일의 결과에 대해서 기대를 한다면 자유로울 수 없습니다. 현재를 즐겨야 자유로울 수 있습니다. 우울증이 있으면 과거의 안 좋은 기억을 떠올리며 괴로워하고, 불확실한 미래를 불안해하며, 현재 하는 일을 힘들어합니다.
진정으로 행복하려면 우울증에서 벗어나야 합니다. 그러면 자연히 과거의 기억과 미래의 불안에서 자유로워집니다.

Q4: 지금의 나는 내 과거의 총합인가?

A4: 30대까지는 부모와 주변 환경에 의해서 내가 영향을 받고, 40대 이후에는 나의 경험이 나의 총합입니다.

Q5: 관용의 정신에도 비관용이 내포되어 있는가?

A5: 타인에 대한 행동은 결국 부메랑이 되어서 나에게 되돌아옵니다. 예수, 부처, 테레사 수녀님은 모든 인류가 나와 동일하다는 사실을 이해했기 때문에 타인을 위한 인생을 살 수 있었습니다. 모든 선행에는 이기심이 포함되어 있습니다.

Q6: 사랑이 의무일 수 있는가?

A6: 타인에 대한 사랑이 의무일 필요는 없다고 생각합니다. 타인에 대한 사랑이 의무가 되는 순간 더 이상 사랑이 아니기 때문입니다.
자신에 대한 사랑은 의무가 되어야 합니다. 자신을 진정으로 사랑해줄 수 있는 사람은 오직 한 사람뿐이기 때문입니다.

Q7: 행복은 단지 한순간 스치고 지나가는 것인가?

A7: 맛있는 음식을 먹거나, 여행, 영화, 음악, 친구 등등 다른 대상에 의지해서 느끼는 행복은 일시적입니다.
스스로 좋아하는 일을 하는 사람은 인생 전체가 행복합니다. 결과가 좋지 않아도 상관없습니다. 좋아하는 일을 했다면 후회가 없기 때문입니다.

Q8: 타인을 존경한다는 것은 일체의 열정을 배제한다는 것을 뜻하는가?

A8: 롤모델은 자신의 인생 목표를 정해서 달려가기 위한 방향 설정입니다. 열정을 불태울 준비가 되어 있는 사람이 롤모델을 정합니다.
자신을 존중할 수 있는 사람이 타인을 진심으로 존중할 수 있습니다. 자존심과 자존감은 반대 개념입니다. 자존감이 높아지려면 위인들이 했던 것처럼 많은 노력이 필요합니다. 자존감이 높은 사람이 행복하고, 자존감이 높아지려면 많은 열정이 필요합니다.

Q9: 죽음은 인간에게서 일체의 존재 의미를 박탈해 가는가?

A9: 인간의 수명이 무한하다면 떠난 뒤에 발자취를 남기려고 노력하지 않을 것입니다. 모차르트, 퀴리 부인, 예수 등은 짧은 생을 살았지만 누구보다 눈부신 업적을 역사에 남겼습니다.

Q10: 우리는 자기 자신에게 거짓말을 할 수 있나?

A10: 대부분의 사람들이 스스로에게 거짓말을 합니다. 자신이 정해 놓은 답과 일치하는 증거만을 수집하는 행위를 '확증편향'이라고 합니다. 자신이 처음 정한 결론이 정답이라고 스스로에게 반복 학습시켜서 위안을 얻는 것입니다.

Q11: 행복은 인간에게 도달 불가능한 것인가?

A11: 타인과 나를 비교하는 상대적인 행복은 끝없는 경쟁으로 사람을 밀어붙입니다. 아무리 노력해도 일시적인 행복으로 끝나버립니다.
행복이 오래 지속되려면 절대적 기준의 행복을 찾아야 합니다. 가장 좋은 방법은 첫째가 건강, 둘째가 적성에 맞는 직업입니다. 셋째는 명상, 넷째는 좋아하는 사람들(가족, 연인, 친구)입니다.

🔑 스스로 답을 찾는 명상 – QT 체험기

QT(Quiet Time)는 경전을 읽고 명상을 통해서 스스로 답을 찾는 시간입니다. 제가 묵상한 내용을 참조하시고 여러분도 명상을 통해서 인생이라는 질문에 자신만의 답을 찾아보시기 바랍니다.

- 시편 57 : 1 – 하나님이여 내게 은혜를 베푸소서. 내게 은혜를 베푸소서. 내 영혼이 주께로 피하되 주의 날개 그늘 아래에서 이 재앙들이 지나기까지 피하리이다.

골리앗을 쓰러뜨린 다윗이 자신을 시기&질투해서 죽이려는 사울 왕을 피해서 도망다니는 장면을 묵상하면서 시련의 가치를 되새겨 보았습니다.

다윗에게는 몇 번이나 사울을 죽일 기회가 있었으나 목숨을 살려주었고 사울이 자신의 진심을 알아줄 때까지 기다리고 인내하였습니다. 하나님은 나중에 크게 쓸 사람에게 시련을 주십니다. 대부분의 사람들은 시련이 닥쳤을 때 세상을 원망하지만, 다윗은 믿음을 잃지 않고 묵묵히 고난을 감내했습니다.

'사울'이라는 이름의 의미는 '큰 그릇'입니다. 본인 스스로를 높이는 이름입니다. 예수님 사후에 기독교인들을 잡으러 다니는 사람 중에 사울이라는 사람이 있었습니다. 어느 날 기독교인들이 모여있는 지역으로 가던 도중에 예수님을 영접하고 새로운 사람이 되면서 이름을 바꾸었습니다.
사도 '바울'에 담긴 이름의 의미는 '작은 그릇'입니다. 예수님을 만나고 겸손해진 것입니다.

영어에서 '이해하다'에 해당하는 단어는 'under-stand'입니다. 나 자신을 낮출 때 새로운 것을 받아들이고 더 성장할 수 있다는 의미입니다.

- 시편 51 : 1 – 하나님이여 주의 인자를 따라 내게 은혜를 베푸시며 주의 많은 긍휼을 따라 내 죄악을 지워 주소서.

왕이 된 다윗은 나태해졌습니다. 밧세바라는 여인을 얻기 위해서 그녀의 남편을 전쟁터로 보내서 죽인 구절을 묵상하면서 진정한 참회에 대해서 생각하게 되었습니다.

선지자 나단이 다윗을 찾아와서 한 가지 이야기를 들려주었습니다.
"많은 재물을 가진 부자가 손님을 대접하기 위해서 가난한 사람의 유일한 재산인 양을 빼앗았습니다."

이 이야기를 들은 다윗은 자신의 옷을 찢으며 분개했습니다. 그자를 당장 데려오라고 했을 때 나단이 이렇게 대답했습니다.
"왕이시여! 바로 당신이 그 자입니다."

그제서야 다윗은 자신의 죄를 깨닫고 참회의 눈물을 흘렸습니다.

오늘날 많은 기독교인들이 다윗과 같은 실수를 반복하고 있습니다.
① 세상에서 죄를 짓고
② 주일에 교회에 가서 회개를 하고
③ 자신이 죄 사함을 받았다고 믿고 안도합니다.
④ 그리고 이 루틴을 끊임없이 반복합니다.

중세시대에 성직자들이 돈을 벌기 위해서 팔았던 면벌부를 오늘날 기독교인들은 자기 자신에게 주고 있습니다. 죄는 스스로 용서할 수 없습니다. 행동으로 지은 죄는 행동으로 용서를 구해야 한다고 생각합니다.

- 열왕기상 1 : 5 – 그때 학깃의 아들 아도니야가 스스로 높여서 이르기를 내가 왕이 되리라 하고 자기를 위하여 병거와 기병과 호위병 오십 명을 준비하니

다윗이 늙어서 거동이 불편해지자 넷째 아들 아도니야가 스스로를 왕이라 칭하는 구절을 묵상하며 권력의 무상함을 생각하게 되었습니다.

왕자로 태어났으니 아도니야는 평생 생계 문제를 걱정할 필요가 없었을 것입니다. 그런데도 권력을 탐했던 이유는 마음이 공허했기 때문이라고 생각합니다.

자존감이 낮은 사람들은 대부분 다른 사람들의 관심을 받아서 내면의 공허함을 채우려고 합니다. 한때 잘 나가던 연예인들은 대중의 관심이 떠나면 극단적인 선택을 하기도 합니다. 이처럼 권력은 허무한 것입니다. 마음이 공허한 이유는 자존감이 낮기 때문이요, 자존감을 높이려면 위인들처럼 많은 업적을 이루어야 합니다. 그리고 우리에게는 기도라는 무기가 있습니다.

- 열왕기상 3 : 9 – 그들은 큰 백성이라 수효가 많아서 셀 수도 없고 기록할 수도 없사오니 누가 주의 이 많은 백성을 재판할 수 있사오리이까. 듣는 마음을 종에게 주사 주의 백성을 재판하여 선악을 분별하게 하옵소서.

부족한 것이 많았던 시기의 솔로몬의 기도에서 우리가 하나님께 요청해야 할 것은 결과가 아니라 지혜와 용기임을 깨달았습니다. 대부분의

사람들은 시련이 닥쳤을 때 다른 사람들이 대신 해결해주기를 기대하거나, 근본적인 문제를 무시해 버리고 쉽게 해결하기를 바랍니다. 그렇기 때문에 같은 문제가 계속 반복됩니다.

솔로몬은 스스로 문제를 해결하려고 노력하였고 그러기 위해서 근본적인 문제가 무엇인지, 무엇이 옳고 그른지를 분별할 수 있는 지혜를 요청하였습니다. 솔로몬은 이 기도를 드리기 이전에 이미 지혜로운 사람이었습니다.

물론 세상에는 신에게 자신의 인생을 의지해야 하는 사람들도 있습니다. 굶주리고 있는 아프리카 어린이들, 전쟁 피난민들, 종교의 이름으로 차별받는 여성들과 불가촉천민들, 그리고 불치병으로 신음하는 환자들은 주변에 도와줄 사람이 없으니 신에게 모든 것을 의지할 수밖에 없겠지요.

그러나 우리는 자유국가에 살고 있습니다. 나에게 부족한 것이 있다면 스스로 노력해서 얻을 수 있습니다. 우리가 하나님께 요청해야 할 것은 나에게 무엇이 부족한지, 그 빈자리를 채우기 위해서 무엇을 해야 하는지를 판단할 수 있는 '지혜와 용기'라는 것을 솔로몬은 일깨워줍니다.

- 열왕기상 8 : 63 – 솔로몬이 화목제의 희생 제물을 드렸으니 곧 여호와께 드린 소가 이만 이천 마리요 양이 십 이만 마리라. 이와 같이 왕과 모든 이스라엘 자손이 여호와의 성전의 봉헌식을 행하였는데

원했던 모든 것을 이룬 후에 솔로몬의 기도에서 기도의 진정한 의미를 생각하게 되었습니다.

기원전 그리스의 수학자 피타고라스가 이집트를 여행할 때 피라미드를 보고 큰 감명을 받아서 건축기술을 조사했습니다. 그 과정에서 3대 4대 5 비율의 줄을 잡아당기면 직각 삼각형이 된다는 사실을 알게 되었습니다. 이때 피타고라스는 어찌나 기뻤던지 500마리의 소를 신에게 제물로 바쳤습니다. (주: 그 당시에는 살아있는 생명을 제물로 바치는 행위는 흔한 종교 활동이었습니다.)

여기서 중요한 점은 피타고라스는 신에게 요구하는 기도가 아니라 감사의 기도를 드렸다는 사실입니다.

남미의 잉카 문명과 아즈텍 문명에서는 가뭄이 들면 다른 마을 사람을 잡아다가 피라미드 꼭대기에서 인간을 제물로 바쳤습니다. 신에게 요구하는 기도를 드린 것입니다. 다른 사람들의 피로 자신들의 이익을 요구하는 기도에 대한 신의 응답은 멸망이었습니다.

솔로몬은 힘들 때 필요한 것을 요구하지 아니하고 지혜를 달라고 기도했습니다. 그리고 마침내 평화가 찾아오고 모든 백성들이 풍족해졌을 때 만백성들과 함께 감사 기도를 정성껏 드렸습니다.

솔로몬은 기도가 무엇인지, 어떻게 신과 대화해야 하는지를 정확히 알고 있는 지혜로운 왕이었습니다.

- 마태복음 14 : 25 – 밤 사경에 예수께서 바다 위로 걸어서 제자들에게 오시니

예수님의 기적을 묵상하며 그분의 희생이 얼마나 귀하고 값진 것인지를 발견하게 되었습니다.

예수님은 많은 이적을 행하셨습니다. 잔치에 포도주가 떨어지자 물을 포도주로 바꾸셨고, 앉은뱅이를 일으키셨고, 죽은 나사로를 살리셨고, 보리떡 5개와 물고기 2마리로 수천 명을 배불리 먹이셨으며, 물 위를 걸으시고, 풍랑을 잠재우셨습니다.

여기서 중요한 점은 예수님은 꼭 필요한 순간에만 이적을 행하셨다는 사실입니다. 이단들은 사람들을 현혹시키고 교주의 권능을 높이기 위해서 마술을 보여줍니다. 그런 다음에는 약을 팝니다. 교주의 물질적 이익을 위해서 눈속임을 사용하는 것입니다.

예수님의 목적은 '세상 사람들의 구원', 그 자체였습니다. 물질을 요구하지도 않으셨고, 자신을 뽐내지도 않으셨습니다. 이적은 그 순간에 필요했기 때문에 꼭 필요한 만큼만 행하셨습니다.

예수님의 기적을 묵상할 때마다 저는 2가지를 기억하게 됩니다.

(1) 우리도 예수님이 가셨던 길을 갈 수 있습니다.
예수님께서 말씀이 아니라 기적을 앞세워서 사람들을 구원하셨다면 우리는 예수님처럼 할 수 없습니다. 기적이 우선이라면 예수님은 우리가 본받을 존재가 아니라 그저 바라보기만 할 수 있는 초월적인 존재가 됩니다.
예수님은 말씀과 사랑으로 세상 사람들을 구원하셨습니다. 그렇기 때문에 예수님이 가셨던 길을 우리도 갈 수 있습니다.

(2) 예수님의 권능은 그분의 십자가 고난을 더욱 완벽하게 만들어 준다고 생각합니다.
예수님의 입장에서 볼 때 십자가에서 내려오는 것은 너무나 쉬운 일에 불과했습니다. 그럼에도 그분은 그 모든 고통을 감내하셨습니다. 그것도 자신을 고발하고, 조롱하는 우리들을 위해서.

- 마가복음 11 : 7 - 나귀 새끼를 예수께로 끌고 와서 자기들의 겉옷을 그 위에 얹어 놓으매 예수께서 타시니

예수님께서 나귀 새끼를 타고 예루살렘으로 입성하시는 모습을 상상하면서 나폴레옹의 그림과 대비된다고 생각했습니다.
나폴레옹이라고 하면 떠오르는 이미지는 백마를 타고 알프스 산을 넘는 그림일 것입니다. 그런데 실제로는 노새를 타고 산을 넘었습니다. 노새를 백마로 뽀샵한 이유는 이런 의미입니다.
"나는 황제이다. 너희보다 잘난 사람이니까 너희들은 나에게 복종하라."

그에 비해서 예수님은 예루살렘에 들어가실 때 어린 나귀를 타셨습니다. 저는 이 행동의 의미를 이렇게 생각합니다.
"나는 너희의 섬김을 받으러 온 것이 아니라 내가 너희를 섬기러 왔노라."

그분은 자신을 위해서가 아니라 세상 모든 민초들을 위해서 희생하러 오신 것입니다.

- 누가복음 22 : 42 - 이르시되 아버지여 만일 아버지의 뜻이거든 이 잔을 내게서 옮기시옵소서. 그러나 내 원대로 마시옵고 아버지의 원대로 되기를 원하나이다.

예수님께서 감람산에서 피땀을 흘리며 기도하는 구절에서 그 희생의 가치를 다시금 생각하게 되었습니다. 예수님의 십자가 고난에 아무런 고통도, 아무런 번민도 없었다면 그 희생도 의미를 잃을 것입니다.

자신의 죄가 아니라 세상 모든 사람들의 죄를 짊어지고, 우리들이 감당해야 마땅한 그 고통을 대신해서 몸소 끌어안으셨기 때문에 값진 희생이라 생각합니다.

십자가에 매달린 예수님께 어떤 사람이 신 포도주를 마시게 했습니다. 신 포도주는 고통을 못 느끼게 하는 마취제입니다. 그러나 예수님은 그걸로 목만 축이시고 그들의 마음만 받으셨습니다.

예수님께서는 십자가 위에서 참으로 많은 것들을 이루셨습니다. 이 땅에 살았던 모든 사람들의 죄를 씻어 주셨고, 오른쪽에 매달려 있는 도둑의 영혼을 구하셨고, 육신의 어머니를 제자에게 부탁하셨고, 자신을 죽인 사람들을 용서하고 구원하셨습니다.

위대한 여정의 마무리를 위해서 그분은 형언할 수 없는 고통을 벗어날 수도 있었지만 기꺼이 감내하셨습니다.

2부 에필로그

🔑 '나는 사랑을 주려고 연애를 하는가' 핵심 정리

| 생존 비용 |

본인 스스로를 책임질 경제력이 없으면 힘든 관계를 감내하고 상대방에게 의지하면서 살아야 합니다. 직업이 있으면 스트레스가 있지만, 직업이 없으면 지옥을 감내해야 합니다.

자녀의 교육비를 절약하는 몇 가지 방법입니다.

- 학생이 하고 싶어 하는 일을 부모가 허락한다면, 누가 시키지 않아도 본인 스스로 찾아서 공부하기 마련입니다.

- 만약 자녀가 하고 싶은 일이 무엇인지 모른다면, 건강에 포커스를 맞추면 됩니다.

- 학생이 교육비가 많이 필요한 직업을 희망하는 경우에는 은행 대출에 의존했다가 학생이 취업한 후에 갚으면 됩니다.

지혜는 학생 스스로 경험을 통해서 얻는 교훈입니다. 지혜를 가르칠 수 있는 유일한 방법은 학생 스스로 경험할 수 있도록 이끌어주는 길뿐입니다. 학생이 가장 빨리 성장하는 방법은 실수를 많이 경험하는 것이기 때문입니다.

| 좋아하는 직업 |

흙수저가 사회적으로 성공하려면 돈 대신에 노력으로 성공할 때까지 도전을 계속 반복하면 됩니다.

이제까지 이 땅의 주인으로 군림했던 존재들은 모두 2가지 공통점을 가지고 있습니다.
- 나약한 존재였고,
- 끊임없이 진화를 거듭했습니다.

| 자아실현 |

태어나서 죽을 때까지 계속해서 발전하는 인생은 태어나서 죽을 때까지 계속해서 행복한 인생입니다.
태어나서 죽을 때까지 계속해서 풍족한 인생은 태어나서 죽을 때까지 계속해서 지루한 인생입니다.

우리가 이 땅에서 수행해야 하는 사명은 신의 본모습인 창조와 사랑을 실천하는 일입니다. 그렇기 때문에 내가 무언가를 만들어낼 때 창조자의 역할에 충실하게 되고, 그 순간 최고의 기쁨을 맛보게 됩니다.

몸과 마음이 건강하고 스스로 만족하는 직업을 가진 사람은 행복합니다. 그리고 행복한 사람이 진정한 사랑을 할 수 있습니다. 혼자 있을 때 행복한 사람이 다른 사람들과 잘 지낼 수 있습니다.

| 중독해방 |

인류애가 발현되려면 인간의 욕구가 성장해야 하고, 욕구가 성장하려면 현재 자신의 수준에 맞는 욕구를 충족시켜야 합니다.
단, 여기에 조건이 있습니다. 건강을 해치지 않는 범위 안에서 즐겨야

합니다.

중독의 노예가 되지 않고 영원히 행복하기 위해서는 도파민이 아니라 세로토닌에 의존해야 합니다.
- 산책,
- 잔잔한 음악,
- 명상,
- 가족들과 대화,
- 애완동물을 안을 때도 세로토닌은 분비됩니다.

우리가 램프의 요정에게 요청해야 할 소원은 '생존에 불필요한 욕구를 사라지게 해주시오'가 되어야 합니다. 그리고 건강하면 이 소원이 이루어집니다.

중독요인이 시야에 들어오면 둘 중 한 가지 결과를 가져오게 됩니다.
- 유혹을 참지 못하고 중독요인을 사용하거나,
- 눈앞에 있는 중독요인을 참아야 하는 스트레스 때문에 몸과 마음 모두 망가집니다.

무언가 한 가지를 얻으려면 다른 한 가지를 포기해야 합니다.

| 대인관계 |

- 좋아하는 감정: 내가 그 사람을 생각하는 만큼 그 사람이 나를 생각해 주기를 바라는 감정.

- 사랑: 그 사람이 나를 생각하지 않아도 상관없고, 나의 존재를 몰라도 상관없으며, 그저 그 사람이 행복하기만을 바라는 감정.

상대방에게 아무것도 바라지 않는 선행이 진정한 사랑입니다.
상대방에게 아무것도 바라지 않을 때 나도 상처받지 않습니다.
그렇기 때문에 진정한 사랑은 어떤 경우에도 아프지 않습니다.

평생을 함께할 만한 배우자의 기본적인 조건은 다음과 같습니다.
- 너그러운 인성
- 성실성
- 생계유지를 위한 경제력

이런 조건을 가진 사람을 구분하는 방법은 다음과 같습니다.
- 본인 자신이 위의 조건을 갖추어야 합니다.

- 금연, 금주, 다이어트를 말로만 하는 사람은 성실하지 않습니다.

- 이제까지 뭔가 성취한 것이 있는지, 아니면 말만 화려한지를 확인해야 합니다.

- 상대방이 주변 사람들에게 어떻게 대하는지를 보면 그 사람의 진짜 인성을 알 수 있습니다.

- 봉사활동을 많이 한 사람은 결혼생활도 잘합니다.

- 너그러운 사람은 자신의 성실함을 주변 사람들에게 강요하지 않습니다.

최고의 궁합은 반대 체질 간의 만남이 아니라 신체적으로 건강하고 아름다운 마음씨를 가진 사람들 간의 만남입니다.

여성들의 DNA에는 본능적으로 나쁜 남자를 좋아하는 성향이 남아 있습니다. 나쁜 남자를 선호하는 여성의 본능을 억제하기 위해서 연애를 시작하기 전에 혼자 살아도 문제없는 환경을 만들어야 합니다.

스토커는 소유욕이 너무나 크기 때문에 자신을 알아주지 않는 상대방을 원망하며 정말로 괴로워합니다. 그래서 못 잊습니다. 스토킹 피해자가 문제를 해결할 수 있는 유일한 방법은 완벽한 단절뿐입니다. 그러기 위해서 피해자는 가해자에게 아무것도 기대하지 말아야 합니다.

외로움을 통제하려면 '심리적 고통은 뇌가 만들어내는 환상'이라는 사실을 항상 기억해야 합니다. 외로움이 너무 견디기 힘들다면 우울증을 의심해 보아야 합니다.

- 대부분의 사람들은 힘들었던 순간의 기억이 떠오를 때는 아픈 기억을 계속 회상해서 자신을 힘들게 합니다.

- 행복했던 순간의 기억이 떠오를 때는 그리운 추억과 현재의 빈자리를 비교하면서 자신을 힘들게 합니다.

행복해지는 방법은 간단합니다. 이것을 반대로 하면 됩니다.

- 힘들었던 순간의 기억이 떠오를 때는 현재와 비교해서 기뻐하면 됩니다.

- 행복했던 순간의 기억이 떠오를 때는 그 추억을 즐기면 됩니다.

PTSD의 원인은 우울증입니다. PTSD는 치료할 수 없지만 우울증은 치료할 수 있습니다.

복수심은 원시시대 진화의 산물입니다. 이제부터 마음의 동요가 일어날 때 이렇게 하십시오. 우선 그 장소를 벗어나서 흥분한 감정이 가라앉을 때까지 기다렸다가, 차분하게 다음 질문의 답을 생각해봅시다.
'왜 내 마음은 이런 불필요한 부정적 에너지를 쏟아내는가?'

사람은 누구나 자신이 꿈꾸는 이상형이 현실에 존재한다고 생각합니다. 그러나 나의 상상 속 사람은 이 세상에 존재하지 않습니다. 그 누구도 나의 환상을 충족시켜주지 못합니다.

모든 사람들이 연애를 시작하는 이유는 자신이 사랑받기 위해서입니다. 남에게 사랑을 베풀기 위해서 연애를 시작하는 사람은 없습니다. 그렇기 때문에 연애를 통해서는 원하는 것을 얻을 수가 없습니다. 연애는 두 사람 모두 준비가 갖춰진 이후에 시작해야 양쪽 모두 상처받지 않습니다.

타인을 위해서 희생했던 성현들은 자신의 행동이 희생이라고 생각하지 않았습니다. 타인을 사랑하기 위해서는 먼저 내가 나 자신을 사랑해야 합니다. 내 안에 사랑이 가득 차야 그 사랑이 흘러넘쳐서 주변 사람들에게 나눠줄 수 있습니다.
나 자신을 사랑하기 위해서 다음의 조건이 필요합니다.
- 건강
- 좋아하는 직업
- 명상

타인을 사랑하기 위해서는 2가지를 기억하면 됩니다.
- 나는 다시 이 땅에 돌아옵니다. 그러나 누구의 자식으로 태어날지는 알 수 없습니다. 내가 다음 생애에서 행복할 수 있는 가장 확실한 방법은 이 세상 모든 사람들을 행복하게 만드는 것입니다.

- 모든 사람들의 감정은 나와 연결되어 있습니다. 내가 행복해질 수 있는 가장 확실한 방법은 내 주변의 모든 사람들을 행복하게 만드는 것입니다.

한국은 몇십 년밖에 안 되는 극히 짧은 기간에 경제적, 정치적으로 눈부신 발전을 이룩했습니다. 지금의 한국이 있기까지 많은 선구자들의 희생이 있었습니다. 성현들이 추구하는 목표가 바로 이런 것입니다.

동성애의 사회적 치료 방법은 다음과 같습니다.
동성애를 인정하고 가정을 일구어 살 수 있게 해주면 됩니다. 이렇게 되면 동성애자들끼리 함께 살고 자식을 낳지 않습니다. 결론적으로 동성애 유전자가 다음 세대로 전달되지 않습니다.

| 건강 |

몸에 병이 있는데도 증상이 약해서 통증을 느끼지 못하는 경우가 많습니다. 내 몸이 아픈지, 아프지 않은지를 판단하는 방법이 있습니다. 조용한 방안에 편안히 앉아서 눈을 감고 5분 동안 아무 생각도 하지 않습니다. 내 몸에 병이 없으면 마음이 편안해지고 잡생각이 없어집니다.

욕심은 우울증에서 오고, 우울증은 몸의 질병입니다. 그렇기 때문에 몸이 건강하면 욕심이 사라지고 행복해집니다.
몸은 건강해졌을 때 비로소 영혼을 자유롭게 풀어줍니다. 생활습관을 건강하게 바꾸지 않으면 평생 몸의 노예로 살아야 합니다.

일부 사람들의 기도는 그 즉시 응답 받는데 반해서, 보통 사람들의 기도는 응답 받지 못하는 이유는 다음과 같습니다.
사람마다 가지고 있는 양기의 세기가 다르기 때문에 상상이 현실로 나타나는 데에 시간의 차이가 있습니다.

질병은 서서히 진행됩니다. 마찬가지로 다시 회복하는 데에도 많은 시간이 걸립니다. 갑작스런 빠른 회복은 바람직하지 않습니다.

음식을 먹을 때 땀이 나는 이유는 다음과 같습니다.
몸이 차가운 상태에서 음식을 섭취하면 체중이 늘어나서 체온이 더 내려갑니다. 그래서 체온을 높이기 위해서 뇌는 몸에서 수분을 배출합니다. 수분이 줄어들면 체중도 줄어들기 때문입니다.

다음은 감기 & 전염병 건강관리 팁입니다.
- 체온 유지
- 물 섭취는 조금만
- 일찍 취침
- 산책
- 과식은 피하고 쌀밥과 채소 섭취

| 다이어트 |

중풍, 당뇨, 뇌졸중, 고혈압, 동맥경화, 심근경색, 내장지방, 암, 등 모든 성인병의 주범은 바로 비만입니다.

실패하지 않는 다이어트의 조건은 다음과 같습니다.
- 배고프지 않고, 목마르지 않아야 합니다.
- 자극적인 음식을 피해야 합니다.
- 다이어트가 힘들지 않아야 합니다.
- 다이어트를 꾸준히 할 수 있어야 합니다.

다음은 실패 없는 다이어트 방법들입니다.
- 음양식(밥 따로 물 따로)
- 식사 횟수 줄이기
- 간헐적 단식
- 쌀밥으로 원푸드 다이어트
- 조리하지 않은 식재료

함께 먹는 밥이 더 맛있습니다. 그래서 다이어트를 할 때 사람을 만나면 실패하기 마련입니다.

게임 다이어트가 성공률이 높은 이유는 다이어트는 시간과의 싸움이기 때문입니다. 게임에 심취해서 밥 먹는 것도 잊어버리고 잠자는 것도 잊으면 어느새 살이 빠집니다.

음식만으로 건강이 심각하게 악화될 수 있습니다. 햄버거, 피자 같은 패스트푸드만 간을 병들게 하는 것이 아니라 설탕&화학 첨가물이 포함된 음료와 과자가 더 해롭습니다.

| 식욕을 억제하는 방법 |

- 식욕을 억제하려면 이것을 기억하세요.
 내 입으로 들어가는 모든 음식들은 한때 살아있는 생명체였다.
 몸에 이로운 음식은 하나도 없다.

- 먹고 싶은 음식이 있으면 오로지 그것 한 가지만 일주일 동안 계속 드십시오.
- 배가 고프면 의지가 약해지기 마련입니다. 곡식으로 지은 밥과 반찬 한두 가지로 식사를 하십시오.

광고에 등장하는 연예인의 외모는 그 제품 덕분이 아닙니다. 다이어트 트레이너의 몸매도 타고난 체질의 영향이 큽니다.

|행복|

행복을 선물하는 방법이 있습니다. 금은방에서 옥목걸이를 하나 사서 자신의 목에 걸고 일주일 동안 계속 즐거운 일만 찾아다니면서 마음껏 웃습니다. 그렇게 일주일이 지나고 다른 사람이 그 목걸이를 몸에 지니게 되면 저절로 기분이 좋아지고 웃음이 나옵니다.

친구가 많은 사람이 행복한 이유는 대인관계가 즐거움을 주기 때문이 아니라 행복한 사람 주변에 저절로 사람들이 모이기 때문입니다.

우울증이 있는 사람은 세상에 정답은 한 가지뿐이라고 생각합니다. 주변에 있는 사람이 자신과 다른 방식으로 사는데도 잘 산다면 이런 의심이 듭니다.
저 사람은 나와 다르게 사는데도 잘 살고 있구나. 그렇다면 내가 틀린 걸까?
아니야. 난 틀리지 않아. 그렇기 때문에 저 사람이 틀린 거야.

|명상|

차별이 사라지지 않는 이유는 한 가지 요건만으로 사람을 판단하면 쉽고 편리하기 때문입니다. 게으른 사람이 모르는 사람을 쉽게 판단하고 차별합니다.

득도에 이르기 위해서는 자신을 먼저 생각하는 이기적인 삶을 살아야 합니다. 진정한 행복에 도달하기 위해서는 진화해야 하며, 그러기 위해서 우리가 해야 할 일은 미래가 아니라 지금 당장 행복해질 수 있는 일을 해야 합니다. 인생의 진정한 목적은 지금 현재 내 마음이 원하는 일을 경험하는 것이기 때문입니다.

'당신을 사랑합니다'라는 말을 들었을 때 우리의 뇌는 이 말을
- 1차적으로 '당신은 아름답고 소중한 존재입니다'라는 말로 필터링 하고,
- 2차적으로 '당신은 사랑과 창조를 실천하는 고귀한 존재입니다'라는 말로 필터링 합니다.

간접적으로 우리 인생의 목적을 달성하게 되는 것입니다.

| 시련이 찾아 왔을 때의 조언 |

- 시련을 극복하려면 '얼마나 고통받았는가?'와는 상관이 없습니다. '얼마나 노력했는가?'와 상관이 있습니다.

- 지금 현재 가장 중요한 이슈가 무엇인지를 생각하고, 그 한 가지에만 전념하세요.

- 성장은 무언가를 더 얻는 것이 아니라 중요하지 않은 것을 포기하는 과정입니다.

- 최후까지 포기해서는 안 되는 것은 자신의 건강입니다.

- 시련이 찾아오면 좋은 점도 있습니다. 누가 나의 친구인지, 누가 나의 친구가 아닌지를 알 수 있습니다.

- 이것도 언젠가는 지나갑니다.

🎵 2부 맺음말

이 책 전체 내용을 요약하면 다음과 같습니다.
① 행복의 반대말은 우울증이고, 우울증은 몸의 병입니다.
② 양기를 모으고, 혈전을 제거하면 모든 질병을 치료할 수 있습니다.
③ 몸이 건강하고, 좋아하는 일을 하면서 생계를 유지하면 인생이 행복합니다.
④ 건강을 해치지 않으면서 기본적인 욕구를 충족시키면 욕구가 진화합니다.
⑤ 욕구가 진화하면 자아실현의 욕구가 발현됩니다.
⑥ 자아실현의 욕구가 발현되고, 인생이 행복하면 의식 수준도 성장하게 됩니다.
⑦ 의식 수준이 성장하면 사랑과 창조를 실천하게 됩니다.
⑧ 그런 다음에 이것을 기억하면 당신도 성인들처럼 될 수 있습니다. '모든 사람들의 감정은 나와 연결되어 있습니다. 나의 환생에 대비하는 가장 확실한 방법은 세상 모든 사람들이 행복해지는 것입니다'

이 중에서 가장 중요한 법칙은 ③번째입니다.

> Q: 제가 다음번에 이 세상에 왔을 때 이 책이 제 손에 닿기를 소망합니다.

> A: 어서 와. 온다고 고생 많았어.

이 책 시리즈의 2권에는 의학 전문가가 아니라도 혼자서 질병의 근본을 치유할 수 있는 치료법들을 공개합니다.

〈'자가치유 건강법'의 목차〉

기운의 음양론
- 기란 무엇인가?
- '양기'와 '음기'란 무엇인가?
- 음양론으로 바라본 건강
- 음양의 조절이 건강의 지름길
- 음기가 우리 몸에 끼치는 영향
- 양기가 우리 몸에 끼치는 영향
- 모든 질병의 발병 과정은 3단계

양기를 보존하는 방법들
- 양기의 보존 - 소식
- 음식의 종류 줄이기
- 한 번에 한 가지 종류의 음식만 섭취
- 인체에 해로운 음식들
- 사람이 먹어도 되는 음식 5가지
- 음식의 완전연소 - 음양식(밥 따로 물 따로)
- 음양식 주의사항
- 음기 & 양기가 강한 음식의 구별
- 기온과 양기
- 의복과 건강
- 목욕과 건강

양기를 많이 받는 방법
  - 양기를 많이 받는 방법
  - 지기와 건강
  - 천기를 많이 받는 방법

혈전과 건강
  - 혈전이란?
  - 혈전이 생기는 원인
  - 혈전 치료법

12 경락의 조절
  - 사상체질
  - 팔상체질
  - 오링테스트
  - 사상체질 오링테스트
  - 체질이 저마다 다른 이유
  - 체질의 순위
  - 어떤 음식을 먹어야 하는가?

건강한 생활습관
  - 자기장과 건강
  - 수맥과 건강
  - 성생활과 건강
  - 운동과 건강
  - 건강을 위한 운동
  - 새집 증후군 대처법
  - 환경 호르몬
  - 건강과 행복

건강으로 가는 길
- '자가치유 건강법'의 의미
- 침술의 한계
- 양약의 두 얼굴
- 민간요법 주의사항
- 육체와 정신의 상관관계
- 건강과 운명
- 응급처치
- 한 계단 상승의 신호 '명현현상'